Jörg-Michael Günther

BGB in Reimen

Richter als Dichter
und
Advokaten als Literaten

Eichborn Verlag

Für meine Frau Usch
und
unsere Töchter Sarah und Janna

Was für eine barbarische Sprache doch die
Sprache des Gesetzes ist!

ÉMILE ZOLA (1840–1902)

Die Deutsche Bibliothek – CIP-Einheitsaufnahme

Günther, Jörg-Michael:
BGB in Reimen : Richter als Dichter und Advokaten als Literaten / Jörg-Michael Günther. –
Frankfurt am Main : Eichborn, 1994
ISBN 3-8218-3311-4

Covergestaltung: Rüdiger Morgenweck
Redaktion: Gerhard Theato (Ariadne Buch)
Herstellung: H + G Lidl, München
Satz: Satz & Repro Grieb, München
Producing: Ariadne Buch – konzeption, text, produktion.
Bilder aus: Honoré Daumier: Die Justiz. Verlag Klaus Guhl, Berlin
ISBN 3-8218-3311-4

Verlagsverzeichnis schickt gern: Eichborn Verlag, Kaiserstr. 66,
D-60329 Frankfurt/Main

Inhalt

Die große Treppe des Justizpalastes.
Blick auf die Gesichter.

Einführung

Gerechtigkeit durch Poesie? Ein Advokat als Literat? Ein Richter als Dichter? Ganz so fernliegend ist dies nicht. Zahlreiche Beispiele in der Rechts- und Literaturgeschichte zeigen, daß es viele Verbindungen zwischen Juristerei und Literatur gibt[1]. Dabei muß man gar nicht den großen alten Goethe als Kronzeugen bemühen; in dieser Rolle ist er ohnehin völlig überlastet – es reicht aus, sich in Urteile deutscher Gerichte zu vertiefen. Hierbei kann man feststellen, daß sich Richter nicht immer, aber immer öfter im Dichten gefallen. Amtlicher Frust im Paragraphenwust wird scheinbar so zur Lust[2]. Seit Beginn der 80er Jahre ist verstärkt festzustellen, daß der in § 184 des Gerichtsverfassungsgesetzes niedergelegte Grundsatz

»Die Gerichtssprache ist deutsch«[3]

zunehmend im weitesten – nämlich poetischen – Sinne aufgefaßt wird[4]. Dies verwundert bei näherer Betrachtung allerdings nicht. Man muß sich nur vor Augen führen, daß schon manche Gesetzesnovelle romanhaft wirkt[5]. In den Vorschriften selbst ist also ein Ausflug aus dem engen Korsett der juristischen Sprache angelegt, die kleine Flucht aus dem juristischen Tagesgeschäft programmiert. Sogar in dem auf den ersten Blick ein wenig nüchtern und zugegebenermaßen etwas spröde wirkenden Bürgerlichen Gesetzbuch (BGB) findet sich schon eine regelrechte Endreimkultur[6]. Als Beispiel sei hier nur der Grenzbaumparagraph (§ 923 BGB) erwähnt, wo es heißt:

»Diese Vorschriften gelten auch
für einen auf der Grenze stehenden Strauch.«

Wen wundert es da, wenn in der juristischen Fachliteratur mittlerweile schon von einer gewissen lyrischen Tradition unter Juristen gesprochen wird[7]. Richtungweisend war dabei sicher ein bahnbrechendes Zivilurteil des LG Frankfurt aus dem

---

[1] Vgl. Bleich, Die literarische und die juristische Hermeneutik – Ein Vergleich, NJW 1989, 3197ff.; immer wieder lesenswert auch Ihering, Scherz und Ernst in der Jurisprudenz, 12. Aufl. 1921, S. 65ff.; Mangold, Gerechtigkeit durch Poesie, Leverkusen 1989

[2] Vgl. dazu schon Freudjung, Der Richter und sein Über-Ich – eine Psychopathologie akademischen Imponiergehabes, Bad Salzuflen 1912, S. 498ff.

[3] Siehe auch § 23 I Verwaltungsverfahrensgesetz: »Die Amtssprache ist deutsch«

[4] Vgl. hierzu Beaumont, Gesetz und Recht – in Vers und Reim, NJW 1989, 372; ders., Vom Amtsschimmel zum Pegasus – die Sprache des Rechts in Vers und Reim, NJW 1990, 1969

[5] So die schöne Analyse von Müller-Dietz, Alles was Recht ist, S. 21; siehe auch NJW 1988, S. X unter Hinweis auf Recht 1987, 76: Der Bundesjustizminister dichtet; s.a. Teubner: Satirisches Rechtswörterbuch. Stichwort »Novelle«: »im Rechtssinne natürlich keine Kurzgeschichte, sondern zumeist ein selten förderliches Änderungs- oder Ergänzungsgesetz.«

[6] Vgl. den Hinweis von Lenz, Das Ungewöhnliche im Recht, S. 38

[7] Beaumont, NJW 1989, 372; ders., Vom Amtsschimmel zum Pegasus, NJW 1990, 1969

Jahre 1982, in dem sich eine gereimte Mahnung dem kritischen Blick Justitias stellen mußte.

Angespornt durch den Streitgegenstand schwang sich das angerufene Gericht zu einer juristischen Verbalakrobatik der besonderen Art auf: Poesie nahm ihren Lauf[8]. Es begnügte sich in seiner Entscheidung des verzwickten Falles nicht mit vermeintlich trockenem Juristendeutsch, sondern nutzte die verfassungsrechtlich geschützte richterliche Unabhängigkeit auch sprachlich[9]. Wo fand sich zuvor in Urteilen deutscher Richter ein Leitsatz folgender Art[10]:

»Auch eine Mahnung in Versen begründet Verzug;
der Gläubiger muß nur deutlich genug
darin dem Schuldner sagen,
das Ausbleiben der Leistung werde Folgen haben.«

Nach diesem lyrischen »coming out« der modernen Justiz folgten Schlag auf Schlag neue poetische Paukenschläge der sogenannten ordentlichen Gerichtsbarkeit[11]. Sie sorgten zumindest in engen Fachkreisen für Furore, aber auch Kritik. Weitaus weniger bekannt ist aber, daß schon viel früher die Saat für die juristischen Blüten an der Grenze zwischen Literatur und Recht gesät worden ist. Schon 1925 erschien ein »Grundriss des Bürgerlichen Gesetzbuches in Versen und Reimen«[12]. Autor war Prof. Anton Erdel, der auf ein früheres Werk von Lobe zurückgreifen konnte[13].

Das alternative Lehrbuch Erdels wollte erklärtermaßen »durch seine Kürze und durch die dichterische Form die Abneigung überwinden helfen, die – wegen der ›Sprödigkeit‹ oder ›Langweiligkeit‹ des Stoffes – bei den Nichtjuristen die doch allen so notwendige Aneignung genügender Kenntnis unseres Bürgerlichen Gesetzbuches zu verhindern pflegt«. Außerdem sollte es »auch den angehenden Juristen als erste Einführung oder letzte Wiederholung nützlich sein«. Diese Ziele wurden damals sicher erreicht, was aber leider nicht verhinderte, daß das gereimte BGB später nahezu gänzlich in Vergessenheit geriet. Die Gründe hierfür sind heute nicht mehr nachvollziehbar, so daß man auf Spekulationen angewiesen ist.

Wurde Erdels Werk in den 30er und 40er Jahren vielleicht nach einiger Zeit be-

---

[8] LG Frankfurt, NJW 1982, 650; das Urteil ist in der Anlage abgedruckt

[9] Art. 97 GG, Unabhängigkeit der Richter

[10] LG Frankfurt, a.a.O.

[11] Z.B. der von Beaumont, a.a.O., zitierte »Oldenburger Schweinemastprozeß« des AG Oldenburg vom 16.3.1987, AG Oldenburg SchlHA 1987, 115 – mit Anm. von Sympher, SchlHA 1987, 131

[12] Anton Erdel, Grundriss des Bürgerlichen Gesetzbuches in Versen und Reimen, Ladenburg a.N., 1925; die Zweifel, die Lenz in seinem Werk »Das Ungewöhnliche im Recht« gegen die Existenz des Buches von Erdel äußert – Lenz, S. 128, Fn. 23 – können hiermit endgültig ausgeräumt werden

[13] Lobe, Neue Deutsche Rechtssprichwörter, Vorschriften des BGB in Versform, o.D. – jetzt mit Übersetzung ins Japanische von Takeichi, Tokio: Kunimotoshoten 1970; vgl. zu dem Werk Lobes die Ausführungen von Lenz, Das Ungewöhnliche im Recht, S. 126

wußt von höchster Stelle unterdrückt, um das süße Gift der Poesie vom Juristenstand fernzuhalten?[14] Wir wissen es nicht genau. Immerhin ist bis in die heutige Zeit hinein heftig umstritten, ob Satire und Reime in Urteilen überhaupt etwas zu suchen haben[15]. Nur durch einen damals die Verbreitung hemmenden Eingriff der Obrigkeit erscheint es erklärlich, daß erst mit einer Verspätung von einem halben Jahrhundert Lyrik zum dienstlichen Gedankengut deutscher Zivilrichter wurde[16]. Ob es zu begrüßen ist, wenn Richter Urteile in Versform abfassen, kann allerdings nach wie vor sehr unterschiedlich gesehen werden. Man kann sich z.B. mit guten Gründen auf den Standpunkt stellen, daß »Gerichte Sprüche fällen, nicht machen sollen«[17]. Ein engagierter Streiter gegen gereimte Urteile, der in der Fachwelt weithin bekannte Münchener Professor Dr. Hans Putzo, sah sich sogar unlängst veranlaßt, Zivilrichtern mit unwiderstehlichem Drang zur Literatur süffisant zu empfehlen, »nach dem amtlichen Urteil eine private Fassung herzustellen«[18]. Wer nämlich bewußt auch sprachlich die Sachlichkeit verdränge, werde seiner Auffassung nach unter Verletzung seines Gesetzesauftrages die Parteien, Zeugen oder Prozeßbevollmächtigten lächerlich machen[19].
Dem kann aber andererseits entgegengehalten werden, daß gerade im Zivilprozeß die Beteiligten oft solche »Blüten des Justizalltags« durchaus zu schätzen wissen. Die Blüten müssen allerdings besonders schön und niveauvoll sein und dürfen sich nicht einseitig zu Lasten einer Partei entwickelt haben. Bezeichnenderweise sind Beschwerden gegen gereimte Urteile in erster Linie im strafrechtlichen Bereich festzustellen[20].
Selbst dort besteht aber ein großer Freiraum, wie das OLG Karlsruhe in seinem spektakulären »Knittelversurteil« festgestellt hat[21]:

»Die Gründe des angefochtenen Urteils sind jedoch, obwohl sie in Knittelversen abgefaßt sind, welche die Klarheit und Genauigkeit der Darstellung sichtlich beeinträchtigen und ihre Auslegung erfordern, im ganzen doch verständlich... Nur

---

[14] Raum für entsprechende Spekulationen gibt es zuhauf, vgl. Beaumont, NJW 1989, 372: »Im Jahre 1926 veröffentlichte ein gewisser Erdel einen »Grundriß des BGB in Versen und Reimen«. Diese Kuriosität wäre längst vergessen, wenn sich nicht eine Ausgabe in Hitlers Privatbibliothek gefunden hätte (jetzt in den »National Archives« in Washington!)«

[15] Sehr kritisch z.B. Putzo, NJW 1987, 1426

[16] Die Strafrichter waren (wie so oft?) schneller – so berichtet Beaumont von einem gereimten Urteil der kleinen Strafkammer des LG Baden-Baden vom 19.12.1955 (Beaumont, NJW 1989, 373) – siehe dazu auch das erst kürzlich erstmals abgedruckte Berufungsurteil des OLG Karlsruhe vom 26.4.1956, NJW 1990, 2009 (sog. Knittelversurteil)

[17] So Müller-Dietz, S. 30

[18] Putzo, NJW 1987, 1426; siehe auch Der Spiegel, 41. Jahrgang 1987, 48: »Vom Pferd getroten – Richter schreiben ihre Urteile in Versform und Satire. Andere Richter können darüber gar nicht lachen«

[19] Vgl. zu dieser Frage aber auch m.w.N. OLG Karlsruhe NJW 1990, 2010

[20] Siehe den Fall OLG Karlsruhe NJW 1990, 2009

[21] Beaumont, NJW 1990, 1971: »Es ist keinem Gesetz verleimt, daß immer ein Urteil sei ungereimt.«[10]

wenn die in Reimen abgefaßten Urteilsgründe unter den Lesern, insbesondere den Beteiligten, überhaupt nicht als ernstgemeinte Begründung einer gerichtlichen Entscheidung in einer Rechtssache aufgefaßt werden können, also die in der Absetzung der Gründe liegende Prozeßhandlung erkennbar nicht ernstlich gemeint ist, sind diese unbeachtlich.«

Erst recht müssen solche Erwägungen für den viel unverfänglicheren Bereich des Privatrechts gelten. Folgerichtig hat sich zwischenzeitlich sogar die maßgebliche zivilprozessuale Kommentarliteratur ausdrücklich für die Zulässigkeit zivilrechtlicher Reimurteile ausgesprochen[22].
Unvereinbar mit Recht und Gesetz dürfte allerdings der Weg sein, den z.B. das AG Berlin-Schöneberg 1989 in einer Vollstreckungssache beschritt. Der Richter hatte sein Urteil nicht nur gereimt und in Versen, sondern – »Im Namen des Volckes« (sic!) – auch in einer Sprache abgefaßt, die sich an das Frühdeutsche anlehnte[23]. Hier hatte sich ein selbsterwählter Pegasus in Richterrobe auf seinem Weg zu den Göttern des Olymps verflogen. Gerichtliche Urteile müssen auch ohne Studium der Germanistik für die Beteiligten und die Rechtsgemeinschaft verständlich sein. Im Zuge rechtskulturellen Überengagements war dies übersehen worden. Solche Auswüchse richterlich-dichterischen Schaffensdranges sollten aber nicht dazu führen, Reime und Verse generell wieder aus Urteilen und aus der juristischen Literatur zu verbannen. Der kulturelle Niedergang der Justiz wäre sonst voraussichtlich die unausweichliche Folge, ein letztes Refugium für phantasievolle Richter für immer verloren. Auch Advokaten als Literaten müßten poetischen Neigungen im Berufsleben schmerzlich entsagen[24]. Eine schreckliche Vorstellung! Mit dem vorliegenden Buch, welches insofern durchaus individuellen Bekenntnischarakter trägt, möchte ich deshalb einen kleinen Beitrag zur Abwehr dieser ernstzunehmenden Gefahr leisten. Getreu dem Motto: Damit Pegasus nicht wieder zum Amtsschimmel wird[25] – es wäre zum Weinen –, soll wieder ein BGB in Versen und Reimen erscheinen.

Es handelt sich bei dem Band um eine aktualisierte und in weiten Teilen gänzlich neu bearbeitete Fassung des grundlegenden Werkes von Erdel. Leider konnte dabei allerdings nicht jeder Verästelung des Gesetzes nachgegangen werden[26]. Mit

[22] Vgl. Baumbach-Lauterbach, ZPO, 50. Aufl., § 313 Anm. 7D; Beaumont, NJW 1990, 1969
[23] AG Berlin-Schöneberg NJW 1990, 1972:
»Eyn kurtzweylig spil von zwo fraw'n
die sich vor gericht thun haun
und dorch merer hauffen coth
kament in die hoechste noth«
[24] Es bliebe Advokaten nur noch der Weg zu gereimten Urteilsschelten in Fachaufsätzen: Vgl. das schöne Beispiel von Sympher, SchlHA 1987, 131 – s. dazu auch Beaumont, NJW 1989, 372ff.
[25] In Anlehnung an einen richtungweisenden Aufsatztitel von Beaumont, NJW 1989, 372
[26] Ein Blick z. B. in § 1587 a BGB vermag dem Leser bzw. der Leserin das Problem zu verdeutlichen

dem Charakter des Werkes als Einführung in das BGB wäre eine derartige Ausweitung unvereinbar gewesen. Außerdem gehe ich davon aus, daß der Leser ohnehin das Original-BGB jeweils parallel zur Hand hat, um möglichst großen Nutzen aus der Lektüre der gereimten Fassung zu ziehen.

Möge das vorliegende Buch der geneigten Leserin und dem geneigten Leser helfen, sich auf manches ungereimte Gerichtsurteil einen Reim zu machen. Noch besser wäre es jedoch, es erst gar nicht zu solchen Urteilen kommen zu lassen! Wenn das gereimte BGB dazu beiträgt, hat es seinen Zweck erfüllt. Falls es darüber hinaus den schwierigen Einstieg in das Bürgerliche Recht bei dem einen oder anderen erleichtert, oder eine neue Sichtweise beim Kenner der Materie ermöglicht, ist das Ziel um so mehr erreicht.

Der Friedensrichter hat seine Entscheidung gefällt, die Parteien werden als versöhnt betrachtet.

Erstes Buch: Allgemeiner Teil

A. Rechtssubjekte

I. Natürliche Personen (Menschen)

1. Rechtsfähigkeit

Die Hebamme war sehr geschickt, § 1 BGB,
Wenn neu ein Mensch die Welt erblickt, § 1923
Es kommen Gesetz und Recht dazu, Abs. 2 BGB
Die Rechtsgemeinschaft wächst im Nu,
In Erbschaftssachen hat auch schon
Wer noch im Mutterleib, Gewicht;
Das Totgeborne aber nicht.

2. Geschäftsfähigkeit

Wer mündig ist, kann frei verhandeln, § 2 BGB
Prozesse um des Kaisers Bart anbandeln,
Nur 18 muß er sein an Jahren,
Für rechtsgeschäftliches Gebaren.

3. Wohnsitz

An einem Ort, wo man stets wohnt, §§ 7–9,
Wird man von Ärger nicht verschont, 11 BGB,
Der Wohnsitz zeigt für deine Schulden § 13 ZPO
Den Ort, wo du mußt Klage dulden.
Für seine Wahl gibt's keine Pflicht,
Allein für Kinder gilt das nicht.
Ihr Wohnsitz ist vom Recht gegeben,
Just dort, wo ihre Eltern leben.

4. Namen

Der Menschen Kennwort ist der Namen, § 12 BGB
Den sie vom Standesamt bekamen. i.V. m.
Er ist gesetzlich wohl geschützt, § 823 BGB
Wer meinen unbefugt benützt,
Den kann ich im Gerichtsweg fassen
Auf Schaden und auf Unterlassen.[1]

[1] *Vgl. den interessanten »Heino-Fall«, wo die Punk-Band »Tote Hosen« wahrheitswidrig auf einer Single-Schallplatte erklärt hatte, »der H_2O_2-blonde Sänger mit der dunklen Sonnenbrille« habe sich nach einem Afrikaaufenthalt der Band angeschlossen – das LG Düsseldorf verbot der Band, den Namen »Heino« zu benutzen: LG Düsseldorf NJW 1987, 1413; in jeder Hinsicht lehrreich ist auch der sog. »Lusthansa«-Fall in NJW 1982, 648.*

II. Juristische Personen (Körperschaften)

1. Begriff

a) Öffentlich-rechtliche Körperschaften

§ 89 BGB

Die Länder, Städte, Zweckverbände
Sind Rechtssubjekte bis zum Ende;[1]
Sie haben Forderungen, Schulden,
Sind Eigentümer, müssen dulden,
Verklagt zu werden, können klagen,
Wie Einzelmenschen, sozusagen.

[1] *Wie sich aus § 89 Abs. 2 BGB ergibt, wo der Fiskus nicht genannt wird, sind Bund und Länder rechtlich konkursunfähig.*

b) Privatrechtliche Körperschaften

§§ 21, 22, 80 BGB

Wie steht es mit Privatverbänden?
Dort liegt es stets in deren Händen,
Juristische Person zu sein,
So wie beim »Ideal«-Verein;
So ins Register er geschrieben,[1]
Kann er – mit Rechten ausgestattet –
Verträge schließen nach Belieben.
Die Stiftung für den edlen Zweck
Ist analog ein weit'rer Weg,
Man reicht den Antrag einfach ein,
Das Bundesland kann Recht verleihn.

[1] *Gemeint ist das Vereinsregister des zuständigen Amtsgerichts.*

2. Rechtsstellung/Schuldenhaftung

§§ 26ff., 31 BGB

Am Kopf juristischer Personen
Muß immer auch ein Vorstand thronen,

Verträge, gute oder schlechte,
Die mittels seiner Satzungsrechte,
Der Vorstand tätigt, haben Kraft
Als Abschluß für die Körperschaft.
Auch muß für Vorstands Unrechtstat
Dem, der dadurch Schaden hat,
Der Körperschaft Vermögen büßen;
Entlastung kann sie nicht genießen.

Ganz anders ist die Haftungslage, § 54 BGB
Wenn keine Körperschaft in Frage;
Beim Nicht-e.V.-Verein etwa.
Der Vorstand selber haftet da
Aus Schulden, die er kontrahiert,
Ein Vorbehalt nicht nützen wird.

B. Rechtsobjekte

Vom BGB als Gegenstand §§ 90, 90a
Privater Rechte anerkannt BGB
Sind Sachen, Tiere oder Rechte,
Und das Gesetz sie schützen möchte.[1]

[1] Durch den neuen § 90a BGB wird die rechtliche Stellung des Tieres gestärkt – früher galten Tiere rechtlich als »Sachen«; vgl. in diesem Zusammenhang: Mühe, Das Gesetz zur Verbesserung der Rechtsstellung des Tieres im bürgerlichen Recht, NJW 1990, 2237 – siehe aber auch Übersohn, Schrecken und Komik der juristischen Tierverehrung, KritJ 1986, 1ff.

C. Rechtsgeschäfte

I. Begriff

Der Grund privater Rechte steckt § 305 BGB
Zuweilen im Gesetz direkt,
So auch die Vorschrift, daß man erbe,
Wenn jemand der Verwandtschaft sterbe.
Doch meistens ist des Rechtes Grund
Ein Willenswort aus Menschenmund,
Ein »Rechtsgeschäft« wird es genannt.

Dies ist seit langem schon bekannt;
Wenn man sich einigt, weil man mag,
Dann nennt man es nur kurz »Vertrag«.[1]

[1] Es herrscht der – sogar verfassungsrechtlich geschützte (BVerfG 74, 151) – Grundsatz der Vertragsfreiheit; eine Grenze bildet aber z. B. das Verbot sittenwidriger Rechtsgeschäfte nach § 138 BGB, also etwa ein Vertrag über die Zahlung von Bestechungsgeld (BGHZ 107, 91) – in vielfacher Hinsicht problematisch sind sog. Telefonsex-Verträge, vgl. AG Offenbach NJW 1988, 1097 und OLG Stuttgart NJW 1989, 2899.

II. Geschäftsfähigkeit

1. Geschäftsunfähige

§§ 104, 105 BGB

Dem Kind fehlt bis zum siebten Jahr,
Dem Geisteskranken immerdar,
Das Recht zum Abschluß von Geschäften;
Sind sie für sich auch noch so wichtig,
Sie sind in vollem Umfang nichtig.

2. Beschränkte Geschäftsfähigkeit

a) Regelfall

§§ 106–108 BGB

Dem Kind, ist es schon sieben,
Kann das Gesetz nicht trüben
Die Freude an Verträgen,
Die sein Vermögen heben,
Wenn es nur Rechtsvorteile bringt,
Zum Beispiel, wenn Geschenk ihm winkt,
Hat Kindes Wort hier Vollgewicht,[1]
Die Eltern braucht man dabei nicht.
Beim Rechtsgeschäft mit Pflichten,
Gilt dieser Satz mitnichten.

[1] Unerheblich sind nur mittelbar durch das Rechtsgeschäft ausgelöste Nachteile wie das Entstehen der Tierhalterhaftung für den Minderjährigen, wenn er ein Tier geschenkt bekommt.

b) Besondere Fälle

§ 110 BGB

Der alte Taschengeldparagraph

Bringt viele Eltern um den Schlaf,
Ob Walkman, Game-Boy oder Puppe –
Ihr Kauf ist Eltern nicht stets schnuppe.
Doch wenn das Kind sein' Teil erfüllt,
Der Lieferant sein Geld erhielt,
Dann hält die Wirksamkeit nichts auf:
Dann gilt der Kauf!

Wenn jemand unter 18 Jahren, § 112 BGB
Geschäft betreibt mit vielen Waren,[1]
Dann darf er als Geschäftsmann handeln,
Verträge schließen und auch wandeln,
Wenn sein Vertreter und Gericht
Bedenkenlos es schon genehmigt.
Nur Rechtsgeschäfte, die gefährlich,
Wo guter Rat ja nie entbehrlich,
Müssen erst gestattet werden.
Ansonsten gibt's mit Recht Beschwerden.
Hier kann nur das Gericht entscheiden,[2]
Sonst kann der Minderjähr'ge leiden.

[1] *Aktuell sind Firmengründungen jugendlicher Computerfreaks.*
[2] *Vgl. §§ 1643, 1821ff. BGB.*

Wenn jemand, der im Recht beschränkt, § 113 BGB
Beruflich an die Zukunft denkt,
Hat Arbeitsstelle angenommen,
Verbot von Eltern nicht bekommen,
Dann wird man ihn für solche Stellen,
Trotz Minderalters mündig zählen.

III. Gültigkeit

1. Anfechtbare Rechtsgeschäfte

a) Anfechtungsfälle

Daß jemand sich verspricht, verschreibt, §§ 119–122 BGB
Ein Irrtum macht sich einfach breit,[1]
Wenn Bote oder Post sich irrt –
Wem wäre das noch nicht passiert?
Zum Schutz bei solcherlei Geschäften,

Hat man das Recht, sie anzufechten.[2]
Doch ist nicht jeder Irrtum gleich:
Nichts wiegt ein Irrtum im Bereich
Der Gründe da, die Dich bewogen,
Es sei denn, daß sie sich bezogen
Auf Sach-, Personeneigenschaft,
Wie Echtheit und Vermögenskraft.[3]

[1] *Lessmann bringt dies auf folgende anschauliche Formel (JuS 1969, 480): »Der Erklärende weiß, was er sagt, er weiß aber nicht, was er damit sagt.«*
[2] *Wer denkt nicht gleich an den berühmt-berüchtigten »Klorollen-Fall« (LG Hanau NJW 1979, 721): Eine Mädchenrealschule hatte »25 Gros Rollen-WC-Papier« bestellt (= 3600 Rollen), in der Annahme, es handele sich nur um 25 große Rollen – das Gericht akzeptierte die Irrtumsanfechtung, weil nicht angenommen werden konnte, daß die Schule den Klorollenbedarf für mehrere Jahre mit der Bestellung abdecken wollte.*
[3] *Z. B. Echtheit eines Kunstwerkes (Heinbuch, NJW 1984, 16f.) und Zahlungsfähigkeit des Vertragspartners (RG 66, 387ff.).*

§§ 123, 124 BGB

Wer Täuschung oder Drohung litt,
Und so ein Rechtsgeschäft vollzieht,
Ist anfechtungsbefugt, und zwar
Mit Frist von einem vollen Jahr.

b) Anfechtungsverfahren

§§ 143, 142 BGB

Die Anfechtung, sie wird erklärt,
Wenn Gegner selbst davon erfährt;
Bei ihm muß man, um anzufechten,[1]
Das Rechtsgeschäft als solches ächten.
War dieses wirklich anfechtbar,
So ist es nichtig – ganz und gar.[2]

[1] *Das Wort »Anfechtung« muß dabei nicht ausdrücklich fallen (BGHZ 91, 331ff.) – es reicht, wenn erkennbar wird, daß der Anfechtende das Geschäft nicht gelten lassen will (BGHZ 88, 245); ob der Anfechtungsgrund angegeben werden muß, ist streitig (vgl. dazu RG 65, 88; BGH NJW-RR 88, 566).*
[2] *Ist das Rechtsgeschäft wirksam angefochten, dann ist es als von Anfang an nichtig anzusehen – die Anfechtung wirkt* ex tunc *(rückwirkend).*

2. Nichtige Rechtsgeschäfte

a) Nichtigkeitsfälle

Ob insgeheim man gar nicht wollte, § 116 BGB
Was man erklärt', spielt keine Rolle –[1]
Doch wenn der and're – wie er sich auch nennt –
Den Vorbehalt als solchen kennt,
Dann war das Rechtsgeschäft – ganz wichtig! –
Von Anfang an nur null und nichtig.

[1] § 116 S.1 BGB betrifft auch den sog. »bösen Scherz« – für den sog. »guten Scherz« gelten die §§ 118, 122 BGB – vgl. Jauernig, § 116 BGB Anm. 2.

Desgleichen kann, was nur zum Schein § 117 BGB
Natürlich auch nicht wirksam sein;
Das Scheingeschäft, es gilt mitnichten,
Oft muß man über Schwarzkauf richten;[1]
Doch wird ein Rechtsgeschäft verdeckt,
Ist das nicht gleich ein Rechtsdefekt:
Insoweit gelten hier die Normen,
Die solch ein Rechtsgeschäft sonst formen.[2]

[1] In Grundstückskaufverträgen wird oft aus steuerlichen Gründen (= Steuerhinterziehung!) zum Schein ein niedrigerer Kaufpreis beurkundet, als wirklich vereinbart worden ist – der tatsächlich abgeschlossene Vertrag ist über die höhere Summe gemäß §§ 117 Abs. 2, 313, 125 BGB unwirksam.
[2] In dem erwähnten Grundstücksfall könnte der Mangel der Form nach § 313 Satz 2 BGB geheilt werden, wenn Auflassung und Eintragung in das Grundbuch erfolgt sind; der Kaufvertrag über den wirklichen gewollten Kaufpreis würde dann wirksam, vgl. Ebel-Müller, Bürgerliches Recht AT, S. 114; BGH NJW 1990, 2755.

Nicht wirksam ist der Scherz auch dann,[1] §§ 118, 122
Wenn der andere ihn erkennen kann. BGB
Doch hat er auf den Scherz vertraut,
Ihn gar im Ernst als wahr genommen,
So hat man leicht auf Sand gebaut
Und selbst für Schaden aufzukommen.

[1] § 118 BGB betrifft den sog. »guten Scherz«; vgl. zur Wirksamkeit eines »scherzhaft« gemeinten Testamentes: RG 104, 322.

§ 105 BGB Geschäftsunfähige Personen,
Sind vom Gesetz zu schonen.
Ihr Wille, das ist wichtig,
Ist als Erklärung nichtig.
Nicht gültig sind auch Rechtsgeschäfte,
Von Menschen, deren Geisteskräfte
Gestört sind oder völlig fehlen
Wozu verschied'ne Gründe zählen:
Als solche Fälle sah man schon
Drogen, Wein und Depression.[1]

[1] Z.B. bei 3,4 Promille (RG Warn 30, 149; BGH WPM 1972, 972).

§§ 135, 136 BGB Erlaubt das Gesetz das Veräußern nicht,
So hat das Verbot generell Gewicht.
Doch gilt der Schutz nicht allgemein
Nur dem Geschützten soll er dienlich sein.[1]

[1] Man spricht hier von einem relativen Veräußerungsverbot.

§ 138 BGB Was gegen gute Sitten ist,
Wo man den Anstand sehr vermißt,
Gilt nicht nach unserem BGB.
Dem Wucherer tut's oftmals weh.
Auch Barbesitzer klagen sehr,
Wenn sie viel fordern für Likör,
Denn ist der Gast erst wieder klar,
Muß er nicht zahlen – wunderbar![1]

[1] Z.B. bei einer Rechnung für alkoholische Getränke eines Animierlokals über 15.642 DM an einem Abend, vgl. LG Berlin NJW 1986, 1940; 2430 DM für einige wenige Biere, LG Hamburg MDR 1974, 50.

b) Nichtigkeitswirkung

§§ 134, 138, 139 BGB Von Amts wegen prüft das Gericht,[1]
Auch wenn Geschädigter nicht schreit,
Das Rechtsgeschäft hat Wirkung nicht,
Von selber wirkt die Nichtigkeit.

[1] Vgl. BGH NJW 1989, 2059.

3. Teilweise Ungültigkeit

Zeigt nicht der ganze Rechtsakt zwar — § 139 BGB
Sich nichtig oder anfechtbar,
Jedoch ein wesentliches Stück,
Dann wirkt aufs Ganze dies zurück;
Ist unerheblich nur ein Teil,
So bleibt das Ganze rechtlich heil;
Die unwirksame Lücke
Füllt das Gesetz als Brücke.

IV. Form

1. Formfreiheit

Wie seinen Willen man erklärt?
Jedwede Form ist gleichviel wert:
Ob mündlich, schriftlich, beim Notar;
Selbst Schweigen tut es oft sogar.

2. Formzwang

Doch ist bestimmte Form vonnöten,
Oft durch Gesetz, Privatabreden.

3. Formarten

Die Formfreiheit gilt manchmal nicht: — §§ 126, 127
Schriftform fordert das Gericht, — BGB
Wenn die Parteien nach Belieben
Die Schriftform haben vorgeschrieben.

Wo Schriftform schien noch nicht genug — §§ 128, 129
War das Gesetz besonders klug, — BGB
Man muß zu dem Notar erst gehn,[1]
Der muß die Unterschrift verseh'n
Mit seinen Stempeln groß und schwer,
So kommt »Beglaubigung« daher.

[1] *Z.B. gemäß § 313 BGB bei Grundstücksgeschäften.*

4. Formbedeutung

§ 125, § 566 S. 2, § 154 Abs. 2 BGB

Ein Rechtsakt, der der Form entbehrt,
Die vom Gesetze wird begehrt,
Ist nichtig, außer wenn es schreibt,
Daß trotzdem er in Wirkung bleibt.
Ist durch Vertrag die Form gesetzt,
Die bei dem Rechtsgeschäft verletzt,
So ist es nur im Zweifel nichtig,
Die Form nur zum Beweise wichtig.

V. Inkrafttreten

§ 130 BGB

Was mündlich einer mir erklärt,
Wirkt gleich, sobald ich es gehört,[1]
Dasselbe gilt beim Telefon,
Das Reichsgericht entschied das schon;[2]
Wie steht's beim Telegramm, beim Brief?
Kommt es drauf an, ob man da schlief?
Der Zugang ist schon dann geschehen,
Wenn ich das Schriftstück konnte sehen,[3]
Ob ich es wirklich hab' gelesen,
Ob ich vielleicht verreist gewesen,
Es ist egal, wann ich es nahm,
Es gilt die Zeit, als ich's bekam.

[1] *Vgl. dazu die sog. Vernehmungstheorie, BAG NJW 1983, 2835 m.w.N.*
[2] *RG 90, 167.*
[3] *Nach der Rechtsprechung muß das Schriftstück nur in den Machtbereich des Empfängers gelangt sein, vgl. BGH NJW-RR 1989, 758.*

§ 132 BGB

Des Zugehn's Zeitpunkt darzutun,
Mag oft auf Schwierigkeit beruhn',
Drum schickt man Briefe eingeschrieben;[1]
Auch steht's in jedermanns Belieben,
Sie mit Gerichtsvollziehers Händen
Dem Adressaten zuzusenden.

[1] *Empfehlenswert ist die Übersendung per Einschreiben* mit Rückschein*; der letzte Beweiswert kommt einem Einschreiben nämlich allein nicht zu, da Einschreiben auf dem Postweg verloren gehen können.*

D. Verträge

1. Zustandekommen

Wie kommt es zum Vertragsabschluß? §§ 147, 150, 151 BGB
Wer Angebot erhielt, der muß
Sich gleich erklären – lehnt er ab,
Ist für Geschäfte er zu schlapp,
Der Abschluß kommt zur Wirkung nicht,
Denn Adressat bewirkt Verzicht;
Doch nimmt das Angebot er an,
Der Abschluß ist sofort getan.
Jedwede Einschränkung dagegen,
Ist als Verneinung auszulegen;
Desgleichen ein zu spätes »Ja«.
Doch ist der Abschlußwillen da,
Es wird darum ein solches Nein,
Zugleich auch Gegenantrag sein;
Ist Offerent noch einverstanden,
So ist der Abschluß doch vorhanden.
Wie ist es aber aufzufassen,
Wenn jede Antwort unterlassen?
Das Schweigen gilt als »angenommen«,
Wenn so der Antrag zugekommen,
Daß »Nein« nach Treu und Glauben Pflicht –
Gesetzt man will den Abschluß nicht.[1]
Sowie: wenn im Geschäftsverkehr,
Ausdrücklich »Ja« unüblich wär.

[1] Man spricht hier von dem sog. »beredten Schweigen«, vgl. dazu BGH NJW 1975, 40 und NJW 1981, 44.

2. Bestandteile des Vertrages

a) Angebot und Annahme

Wenn Waren angepriesen werden §§ 145, 146–148 BGB
Im Ladenfenster, in Reklamen,
Auch solchen, die zur Wohnung kamen,
So ist das nicht als Angebot zu seh'n,
Als Einladung muß man's versteh'n,[1]
Wer bietet, ist gebunden,
Wenn Gegners »Ja« er prompt gefunden.[2]
Offerten, die mit Frist gestellt,
Erlöschen, wenn die Frist verfällt.

[1] *Es handelt sich nur um eine Aufforderung zur Abgabe von Angeboten, eine sog.* invitatio ad offerendum *(RG 133, 391)*
[2] *Vgl. in diesem Zusammenhang zu § 149 BGB Erdel, S. 9f:*
»Wie, wenn das »Ja« verspätet kam,
Weil's unterwegs Verzög'rung nahm?
Wenn dieses klar zu Tage tritt,
So zählt's als promptes Ja noch mit,
Sofern man nicht sich tut beeilen,
Die späte Ankunft mitzuteilen.«

b) Vertragsabschluß bei Versteigerung

§ 156 BGB

Versteigerungen bringen Spaß,
Die Bieter bieten dies und das.
Im Bieten liegt das Offerieren,
Im Zuschlag erst das Akzeptieren.

3. Beurkundung

§ 154 Abs. 2 BGB

Wo Formvorschriften festgelegt,
Ist der Vertrag erst dann perfekt,
Wenn diese rundherum erfüllt,
Wobei die Richter häufig meinen,
Sie sollte nur beweislich dienen,
Wenn die Form vertraglich gilt.

4. Widerruf

§ 130 Abs. 1 S. 2 BGB

Die Bindung an das Angebot
Durch Widerruf ist abzuwenden,
Solange nur der Gegner hat
Offerte nicht in seinen Händen.

5. Versteckter Einigungsmangel

§ 155 BGB (vgl. auch § 139 BGB)

Nicht selten haben die Parteien,
Im Glauben, daß sie einig seien
Begonnen, im Vertrag zu segeln,
Obwohl ein Punkt war noch zu regeln.
War das Vergeß'ne wichtig,
So ist der Abschluß nichtig;[1]
Ansonsten bleibt es beim Vertrage,
Für jenes gilt Gesetzeslage.

[1] Ein solcher versteckter Einigungsmangel liegt z. B. vor, wenn sich nach Abschluß eines Kaufvertrages herausstellt – und dies kann durchaus vorkommen –, daß beide Parteien verkaufen wollten (vgl. RG 104, 266).

6. Inkrafttreten des Vertrages

a) Bedingung

Man nennt ein Rechtsgeschäft bedingt, § 158 BGB
Wenn erst die Zukunft Klarheit bringt
Zum Beispiel: Zahlung aus dem Los
Verlangst du, wenn Gewinner, bloß.[1]
Zuweilen ist's auch umgekehrt:
Die Wirkung ist sofort gewährt,
Doch fällt sie wieder, wenn geschehen
Der Fall, der eigens vorgesehen;
So: wer der Frau sein Gut verschriebe,
Doch nur, solang' sie Witwe bliebe.[2]

[1] Die sog. aufschiebende Bedingung; als schönes, instruktives Beispiel sei der Fall erwähnt, in dem ein Examenskandidat der Jurisprudenz von einem Gastwirt eine Räumlichkeit für die Examensfeier anmietet, mit der Vereinbarung, daß die gegenseitigen Pflichten erst entstehen sollen, wenn er das Examen besteht (abgewandeltes Bsp. nach Ebel-Müller, S. 89).
[2] Die sog. auflösende Bedingung; vgl. zur Wirksamkeit eines auflösend bedingten Arbeitsvertrages mit Zölibatsklausel BAG 4, 286.

b) Zeitbestimmung

Parteien regeln oft Doktrin: § 163 BGB
Für Rechtsgeschäft gilt ein Termin,
Gibt es solche Zeitbestimmung,
So ist sie eine Art Bedingung.[1]

[1] Der Anfangstermin entspricht der aufschiebenden, der Endtermin der auflösenden Bedingung.

c) Zustimmung

Beziehen die Vertragsgeschäfte §§ 182, 184
Aus Dritter Jawort ihre Kräfte BGB
So wirkt das »Ja« oft weit zurück,
Auf Abschlußtages Augenblick.

E. Stellvertretung

1. Allgemeines

a) Zulässigkeit

§ 164 BGB,	Vertretung ist fast immer möglich,
§ 13 EheG,	Im Rechtsverkehr ist sie oft nötig.
§§ 2064,	Nur bei der Ehe geht das nicht,
2274 BGB	Sonst geht die Sache zu Gericht,
	Persönlich muß man sich erklären,
	Sein Herz im Standesamte leeren,
	Daß man den Ehepartner wählt,
	Sonst ist die Ehe ausgezählt.
	Auch bei Geschäft von Todes wegen
	Braucht kein Vertreter sich zu regen.

§ 181 BGB	Insichgeschäfte gelten nie,[1]
	Sind pure Scharlatanerie,
	Geht es jedoch um Schulden,
	Sind sie doch zu dulden,
	Erfüllung der Verbindlichkeit,
	Gelangt sehr wohl zur Wirksamkeit.

[1] Das Insichgeschäft kann zulässig sein, wenn der Vertretene solche Geschäfte dem Vertreter gestattet hat.

b) Wirkung der Stellvertretung

§ 164 BGB,	Was der Vertreter hat getan,
§§ 177–179	Das geht nur den Vertret'nen an,
BGB	Doch haftet, wer Vertretungsmacht
	Sich eigenmächtig zugedacht –
	Desgleichen wer sie überschritten
	Persönlich auf Vollzug dem Dritten
	(Sofern nicht der, für den's getätigt
	Den Rechtsakt hinterher bestätigt),
	Es sei denn, daß der Dritte wußte,
	Wie's stand – oder es wissen mußte.

§ 164 Abs. 2	Persönlich ist auch der zu fassen,
BGB	Der klarzustellen unterlassen,
	Daß er nur Vertreter war –
	Es sei denn, falls von selbst es klar.

Wo Irrtums-, Guten-Glaubens-Fragen § 166 BGB
Für Rechtsakts Wertung was besagen,
Entscheidet sich die Wirksamkeit
Nach Stellvertreters Wissenheit.
War feste Weisung auszuführen,
Hilft freilich Stellvertreters Irren
Dem Auftraggeber dann nur – klar! –
Wenn selber er im Irrtum war.

2. Vollmacht

a) Vollmachtserteilung

Auch wenn beim Rechtsakt, wo man tätig § 167 Abs. 2
In Vollmacht handelnd, Formen nötig – BGB,
So Schriftform als Verbürgungsnorm – § 766 BGB
Bedarf die Vollmacht keiner Form.

Auch schweigend wird sie oft gegeben § 370 BGB
Befugt die Zahlung zu erheben,
Ist beispielsweise jedermann,
Der Quittung präsentieren kann.[1]

[1] Es handelt sich hier um eine auf Rechtsschein beruhende Fiktion der Empfangsermächtigung (aA RG 124, 386).

Zuweilen fordern die Behörden, § 1945 Abs. 3
Wenn Vollmachtsträger tätig werden, § 80 ZPO, §§
Ein Schriftstück, oft beglaubigt gar, 29, 30 GBO,
So Richter, Grundbuchamt, Notar. § 13 FGG

Die Vollmacht schriftlich zu verlangen, § 174 BGB
Ist auch befugt, wem zugegangen,
Ein Willensakt einseit'ger Art;
Nur sei dies Recht sofort gewahrt!
Kündigung und Zahlungspochen
Von Stellvertretern ausgesprochen,
Die ohne Vollmacht sich so nennen,
Wird füglich man verwerfen können.
Bis Schuldner, daß die Sache stimmt,
Vom Vollmachtgeber selbst vernimmt.

b) Erlöschen

Die Vollmacht stirbt mit ihrem Zweck, §§ 168–173
Auch wenn der Rechtsgrund einfach weg; BGB

Sie stirbt auch stets durch Widerruf.
Doch hat, was sie an Wirkung schuf,
Bei dem, dem schuldlos nichts bekannt
Von ihrem Ende, noch Bestand,
Bis daß sie so zurückgenommen,
Wie ihm zur Kenntnis einst gekommen.

F. Verjährung

1. Bedeutung

§§ 194, 902 BGB	Jedwedem Leistungsanspruch droht – Durch Zeitablauf – Verjährungstod. Nur einige sind ausgenommen; So jene, die ins Grundbuch kommen.
§§ 222, 223, 390 BGB	Es wirkt jedoch ein solch' »verjährt« Erst, wenn der Schuldner es begehrt; Drum darf der Gläubiger behalten, Was Schuldner trotz Verjährung zahlten. Er darf mit gutem Grund es wagen, Die Forderung glatt wettzuschlagen, Mit einer Schuld, die nicht verjährt, Als sie ihn erstmalig beschwert. Auch bleibt ihm trotz Verjährablauf Am Pfand das Recht zum Pfandverkauf.

2. Zeit

§§ 195–197 BGB; §§ 477, 638, 852, 2332 BGB	Die Regelfrist ist dreißig Jahre,[1] Sie gilt nicht bei des Kaufmanns Ware, Solch' Forderung und Arbeitslohn Verjährt nach nur zwei Jahren schon Bei Zinsen und bei Rentenschulden Vier Jahre mußt du Klage dulden. Besonderen Verjährungsnormen Gehorchen manche Schuldpflichtformen. Stets gilt die 30-Jahre-Frist, Sobald die Schuld in »Rechtskraft« ist.[2]

[1] *Die gesetzliche Regelfrist ist allerdings in der Praxis die Ausnahme.*
[2] *Vgl. § 218 BGB.*

3. Fristbeginn

Vom Tage, wo das Recht entstanden, §§ 198, 199
Ist auch Verjährungslauf vorhanden; BGB[2]
Bei Kündigung gilt jener Tag,
An dem sie erstmals gelten mag.[1]

[1] »Wobei jedoch die Kündigungsfristen sich dazwischen nisten« – vgl. Erdel, S. 16.
[2] Vgl. i.ü. die §§ 199–201 BGB.

4. Störung

Verjährung läßt sich nicht erschweren §§ 225, 138
Durch Absprache, um Frist zu mehren;[1] BGB
Verkürzung allerdings geht schon,
Spricht sie nicht guten Sitten Hohn.

[1] Es gibt aber gesetzliche Ausnahmen, z.B. § 477 Abs. 1 S. 2 BGB und § 638 Abs. 2 BGB.

Verjährung läßt sich unterbrechen, §§ 208, 209
Das heißt: ihr Lauf sich derart schwächen, BGB
Daß ganz von vorn er muß beginnen,
An welches Mittel kann man sinnen?
Zunächst einmal ist hier zu nennen,
Jedwedes Schuldpflicht-Anerkennen;
Gezahlte Zinsen, Abschlagsraten
Sind andre Unterbrechungstaten.
Jedoch auch ohne Schuldners Willen
Läßt Unterbrechung sich erzielen:
Durch eine Klage vor Gericht,
Wenn Schuldner zahlte Schulden nicht.
Als Möglichkeit steht auch bereit,
Was jeder kennt als »Mahnbescheid«;[1]
Schlicht alle Akte, die bezwecken,
Den Schuldner durch Gericht zu schrecken.
Die bloße Mahnung tut es nicht,
Auch wenn sie noch so derbe spricht.[2]

[1] Die verjährungsunterbrechende Wirkung des Mahnbescheides unterliegt aber der Einschränkung des § 213 BGB i.V.m. § 701 ZPO.
[2] Vgl. zur Rechtswirksamkeit einer Mahnung in Versen LG Frankfurt NJW 1982, 650.

§§ 202, 205 BGB

Verjährungshemmung findet statt,
Solange Schuldner Stundung hat;
Jedoch bleibt unberührt davon
Die Zeit, die vorher schon entfloh'n.[1]

[1] Es wird also nur der Zeitraum nicht in die Verjährungsfrist eingerechnet, während dem die Verjährung gehemmt ist.

G. Fristen

§ 187 BGB

Sind Fristen – wie in vielen Fällen –
Von einem Vorfall ab zu zählen,
So weiß man, ist man rechtlich fit,
Insofern zählt der Tag nicht mit,
Beim Alter ist so was verfehlt;
Es wird Geburtstag mitgezählt.

§ 188 BGB

Bestimmt sich eine Frist nach Wochen,
Nach Monats- oder Jahrepochen,
So ist sie jenen Tags zu End',
Der gleich dem Anfang sich benennt.

§ 193 BGB

Man ist an Sonn- und Feiertagen
Geschützt vor Schuldbeitreibungsplagen.
Es kann, was solchen Tags zu tun
An Rechtsgeschäft, bis Werktag ruh'n;
Auch Fristenende soll nicht drängen,
Es wird bis Werktag sich verlängern.
Welch' Feiertage anerkannt,
Bestimmt gesetzlich jedes Land.

H. Selbst- und Rechtshilfe

§ 226 BGB

Wer Recht ausübt, braucht nicht zu fragen,
Kann das der andre gut vertragen?
Nur darf sein Schaden nicht allein
Der Zweck der Rechtsausübung sein:
Schikane, rechtswidrig geschwind,
Ist's, wo Motive niedrig sind![1]

[1] Ein solcher Fall lag z.B. vor, als jemand dieselbe Klage bei sage und schreibe 74 (!) verschiedenen Gerichten anhängig machte

(ArbG Hamm MDR 1966, 272); als Schulbeispiel kann auch der Fall dienen, wo ein Vater seinen Kindern das Betreten seines Grundstückes verbot, obwohl die Kinder nur die dortige Grabstätte der Mutter aufsuchen wollten (RG 72, 251).

Das Faustrecht ist nicht mehr erlaubt,[1] §§ 227–230
Und vieles man sich nur verbaut, BGB, 231
Wenn man den Schuldner ohne Geld, BGB
Zum Opfer eines Angriffs wählt.
Denn Schulden, die im Rückstand bleiben,
Sind nur gerichtlich beizutreiben.
Nur wenn es dringend nötig ist,
Der Schuldner etwa bald vermißt,
Behördenhilfe käm' zu spät,
Sich selbst zu helfen auch mal geht.[2]
Erlaubt ist zudem Notwehr-Handeln,
Man darf auch fremde Sach' verschandeln,
Vorausgesetzt, die Abwehr war
Nicht Übertreibung der Gefahr.[3]
Kommt es dann aber zum Exzeß,
Erspart dir niemand mehr den Streß.
Denn dann wird dir der Richter sagen:
Du selber mußt den Schaden tragen.

[1] *Vgl. Erdel, S. 18: »Die Gerichte beschützen gegen Bösewichte«*
[2] *Selbsthilfe ist ferner gesetzlich u.a. gestattet in folgenden Fällen: §§ 859 Abs. 2 bis 4, 860, 865, 1029 BGB; siehe auch §§ 561, 581 Abs. 2, 592, 910, 962 BGB.*
[3] *Vgl. dazu auch Günther, Der Fall Rotkäppchen, S. 66.*

Alles vorhanden, nur der Vorschuß fehlt.

Zweites Buch: Recht der Schuldverhältnisse

Erster Teil: Allgemeines über die Schuldverhältnisse

I. Begriff

Der »Schuldner« hat die Leistungspflicht, § 241 BGB
Der »Gläubiger« rennt zum Gericht,
Wird seine Ford'rung nicht bezahlt:
Justitias Mühle munter mahlt.

II. Gegenstand

1. Im Allgemeinen

Die »Leistung« kann fast alles sein, § 241 BGB
Ob Worte, Windeln oder Wein,
Sie kann in Wirtschaftsgut besteh'n
Auf Zahlung, Unterlassung geh'n.[1]

[1] *Wie sich aus § 241 S. 2 BGB ergibt, kann die »Leistung« auch in einem Unterlassen bestehen, z.B. bei einem Vertrag über das Abhalten des Bietens bei einer Versteigerung* (pactum de non licitando).

2. Zinspflicht

Zur Hauptschuld kommt als Nebenpflicht §§ 288, 291
Oft Zinsenschuld in Frag', BGB, Art.
Gesetzlich zwar im Grundsatz nicht, 49 Ziff. 2
Doch häufig durch Vertrag. WG
Gesetzeszinsen fallen an,
Wenn man nicht pünktlich zahlen kann.
Grad vier Prozent sind hier die Norm,
Und sechs Prozent bei Wechsel-Form.

Das Zinseszinsverbot § 248 BGB
Verhindert manche Not!
Nur Banken und Kreditanstalten,

Die dürfen etwas freier walten,
Auch Sparkassen sind hier dabei,
Vom Zinsverbot, da sind sie frei.[1]

[1] Siehe auch § 355 HGB, wonach im kaufmännischen Geschäftsverkehr bei laufenden Rechnungen/Kontokorrent auf Zinsen auch wiederum Zinsen aufgerechnet werden dürfen.

3. Schadensersatzpflicht

§§ 249, 251–253 BGB

Wo Schadensanspruch zuerkannt,
So will es das Gesetz wohl haben,
Der Schuldner muß den Zustand schaffen,
Der früher schon bestand.
Bei einem Schaden an der Sache,[1]
Und bei Verletzung der Person,
Da kann man Geld verlangen
Als seinen »Schadenslohn«.
Ist ein Gewinn entgangen,
Steht fest, er wär' entstanden
So muß man gar nicht bangen:
Ein Schaden ist vorhanden.

[1] Vgl. bezüglich der Verletzung von Tieren den durch Gesetz vom 20.8.1990 (BGBl I 1762) eingefügten § 251 Abs. 2 S. 2 BGB: »Die aus der Heilbehandlung eines verletzten Tieres entstandenen Aufwendungen sind nicht bereits dann unverhältnismäßig, wenn sie dessen Wert erheblich übersteigen.« – Siehe in diesem Zusammengang schon LG Lüneburg, NJW 1984, 1243: »An der Tatsache, daß das Tier ein lebendes Wesen ist, kommt auch das Schadensersatzrecht nicht vorbei. Die Heilung eines verletzten Tieres ist nicht die Reparatur einer Sache.«

§ 254 BGB

Den Einwand, es sei Mitverschulden
Muß jeder Gläubiger erdulden,[1]
Der Richter muß von Amtes wegen
Dem Urteil es zugrundelegen.

[1] Z. B., wenn jemand durch unbeherrschte Drohungen die Vollziehung eines unberechtigten Steuerarrestes provoziert, vgl. BGH NJW 1978, 220; s.a. Günther/Kern, Die zivilrechtliche Haftung im Tennissport, VersR 1993, S. 796ff.

III. Inhalt der Schuldverhältnisse

1. Wer leistet?

Bei Schulden, die nicht in Person — § 267 BGB
Geleistet werden müssen,
Besteht für Dritte Leistungsrecht,[1]
Auch wenn sie Zustimmung vermissen:
Der Schuldner muß sie tilgen lassen,
Mag's ihm auch gar nicht passen.
Doch wenn's dem Gläubiger mißfällt,
Muß er's nicht nehmen – fremdes Geld[2].

[1] Der Gesetzgeber ist bei dieser Vorschrift davon ausgegangen, daß es dem Gläubiger im Regelfall nur auf die Herbeiführung des Leistungserfolges ankommt und nicht auf die Person des Leistenden, vgl. Jauernig, § 267 BGB.
[2] Wenn auch der Schuldner widerspricht, vgl. § 267 Abs. 2 BGB

Wenn Gläubiger mit Zwang vollstrecken — § 268 BGB
In Schuldnergegenstand,
Und Dritte die Gefahr entdecken,
Liegt es in ihrer Hand,
Falls ihre Rechte sind bedroht,
Vollstreckung bringt Besitz in Not,[1]
Durch »Ablösung« Gefahr zu bannen;
Auch Hinterlegung führt zum Ziel,
Schon viele diesen Weg ersannen;
Die »Aufrechnung« bringt gleichsam viel.

[1] Vgl. dazu insbesondere § 1242 Abs. 2 BGB, § 91 ZVG.

2. Wo ist zu leisten?

Wo Leistungsort wird nicht bestimmt, — §§ 269, 270, 447 BGB
Gesetz die Sache übernimmt:
Der Schuldner leiste, wo er wohnt;
Bei Geld ist nur gesetzbetont,
Daß sendend man bezahlen kann,
Auch sonst wird es zuhauf getan:
»Versendungskauf« wird es genannt,
Wenn Ware schickt der Lieferant,
Von auswärts, und auf das Verlangen
Des Käufers – der muß hierbei bangen:

Das Risiko bei diesem Kauf,
Wenn Schadensfall nimmt seinen Lauf,
Transportfahrzeug von Fahrbahn fährt,[1]
Trägt, wer bestellt – nicht umgekehrt!

[1] Der Besteller trägt nach § 447 BGB das Risiko, daß er bei einem Eintritt eines zufälligen Transportschadens (Zerstörung/Abhandenkommen/Beschädigung) die bestellte Ware dennoch (voll) bezahlen muß (sog. Preisgefahr).

3. Wie ist zu leisten?

§ 242 BGB

»Königlich« der Paragraph[1]
Der sichert uns den ruhigen Schlaf,
Nach »Treu und Glauben« geht das Recht:
Niemand handle wahrhaft schlecht!

[1] Vgl. Staudinger-Schmidt, § 242 BGB.

§§ 276, 278 BGB

Mit Sorgfalt walte Schuldner stets;
Sonst trifft ihn Schadenspflicht.
Ist sein Gehilfe einmal schuld,
Entlastung gibt es nicht.[1]
Zum Beispiel haftet Rechtsanwalt
Für Fehler des »Büros«;[2]
Den Richter läßt der Nachweis kalt,
Daß es sonst tadellos.

[1] Es handelt sich um eine Garantiehaftung, vgl. Jauernig, § 278 BGB, Anm. 1 b)aa).
[2] Es gibt allerdings in Prozeßverfahren, wo Fristen durch Verschulden des Büropersonals versäumt wurden, die Möglichkeit zur Wiedereinsetzung in den vorherigen Stand, vgl. dazu § 233 ZPO – wegen der Einzelheiten siehe Baumbach, ZPO, § 233 Anm. 4.

IV. Erlöschen

1. Erfüllung

§§ 362, 368, 371 BGB

Die Leistung bricht der Schuld Genick;
Der Gläubiger quittier',
Den Schuldschein gebe er zurück:
Wenn nicht, Ersatz dafür!

Wenn Gläubiger nimmt Leistung an, § 363 BGB
Die als Erfüllung angeboten,[1]
Dann ist Beweislastumkehr dran,
Hilft Schuldner aus den Nöten;
Beweisen muß der Gläubiger,
Daß Ware nicht komplett –
Das gleiche gilt im Mangelfall,
An Dienst und an Gerät.

[1] *Z. B. Entgegennahme und Abzählen eines Geldbetrages, BGH NJW 1984, 722.*

Hat Schuldner seine Schulden satt §§ 364, 365 BGB
Und bietet »an Erfüllungs Statt«,[1]
Das Schuldverhältnis gleich erlischt,
Wenn Gläubiger zufrieden ist.

[1] *Die Leistung an Erfüllungs Statt ist abzugrenzen von einer Leistung erfüllungshalber – bei der Leistung erfüllungshalber versucht der Gläubiger absprachegemäß die Befriedigung aus dem Erfüllungssurrogat und kann bei Mißlingen auf die weiterbestehende alte Forderung zurückgreifen (vgl. dazu Jauernig, Anm. 2 zu §§ 364, 365 BGB).*

2. Hinterlegung

Des Schuldners Leistungsangebot §§ 372, 383 BGB
Gerät mit Recht in keine Not:
Falls Gläubiger es nimmt nicht an,
Die »Hinterlegung« ist dann dran.
Bei Geldschuld geht das ganz direkt,
Das ist schon lange abgedeckt.
Bei Sachschuld wird versteigert,
Wenn Gläubiger sich weigert,
Und will sich nicht bequemen,
Die Sache anzunehmen;
Dasselbe Hinterlegungsrecht
Nach Schuldrecht der genießt,
Der, ohne daß die Schuld er trägt,
Nicht weiß, wer Gläub'ger ist.

3. Aufrechnung, Zurückbehaltung

Oft hat man Gegenforderung. §§ 387ff., 394 BGB
Sofern man wett sie schlägt,

Bewirkt sie Schuldbefriedigung
Soweit die Schuld sie deckt.
Sie braucht nicht mal konnex zu sein;
Nur Fälligkeit tut not,
Bei Lohnschuld tritt verhindernd ein
Das Aufrechnungsverbot.

§ 273 BGB Man darf die Schuld zurückbehalten
Bis Gegenleistung fließt,
Erforderlich ist Fälligkeit,
Und daß die Schuld entsprießt
Dem Rechtsverhältnis gleicher Art:
Konnexität sei hier gewahrt![1]

[1] Zur Frage, ob vermögensrechtliche Ansprüche gegenüber einem Ehegatten ein Recht geben, die »Erfüllung der ehelichen Pflichten« im Wege des Zurückbehaltungsrechtes zu verweigern vgl. RG JR Rspr 27, 1382; der BGH hat übrigens pikanterweise höchstrichterlich eine rechtliche Verpflichtung aus § 1353 BGB zur ehelichen Extase festgestellt, vgl. BGH NJW 1967, 1079: »Die Frau genügt ihren ehelichen Pflichten nicht schon damit, daß sie die Beiwohnung teilnahmslos geschehen läßt.«

4. Schulderlaß

§§ 397, 518 Geschenkte Schuld ist wie bezahlt;
BGB Das gilt auch ohne Form,
Der Schuldner springt vor Freude hoch
Er jubelt ganz enorm;
Doch Schenkversprechen, das ist wahr,
Sind wirksam nur vor dem Notar.

V. Nichterfüllung

1. Unmöglichkeit

Wenn Leistung mal unmöglich wird,
§§ 275, 323 Man ist nicht schuld dabei,
BGB Gehilfenfehler nicht passiert,
So ist man leistungsfrei.[1]

[1] Bzgl. der Gegenleistungspflicht wird auf die §§ 323 ff. BGB verwiesen.

Bei Gattungsschulden bleibt jedoch § 279 BGB
Die Leistungspflicht in Kraft;
Wenn etwas lebt von Gattung noch,
Nur Schuldner es nicht schafft.[1]
Der Grundsatz wird eliminiert,
Wenn Leistung Schuldner ruiniert.[2]

[1] Die Gattungsschuld kann sich aber nach § 243 Abs. 2 BGB in eine Stückschuld umwandeln, wenn der Schuldner »das zur Leistung einer solchen Sache seinerseits Erforderliche getan hat«; geht die Sache schuldlos unter, ist der Schuldner zur Nachlieferung nicht verpflichtet!
[2] Nach der Rechtsprechung bezieht sich die Beschaffungspflicht regelmäßig nur auf Waren, die sich auf dem Markt befinden (BGH NJW 1972, 1703; Nehlert NJW 1948, 141); es gibt ferner die sog. begrenzte Vorratsschuld, wo der Umfang der Gattung, aus der der Schuldner zu leisten hat, auf einen bestimmten Vorrat beschränkt ist – z. B. bei Kohlen aus einer bestimmten Zeche (Karlsruhe JZ 1972, 121).

Sofern für Unerfüllbarkeit § 280 BGB
Der Schuldner haften muß,
Weil er nicht irgendwie befreit,
Kommt Schadenspflicht in Fluß.[1]

[1] Siehe auch die §§ 440 Abs. 1 i.V.m. §§ 320–327 BGB.

2. Verzug

Wenn Schuldner nach der Fälligkeit, §§ 284, 285 BGB
Gemahnt, nicht Sorge trug,
Daß seine Leistung nun bereit,
So ist er im »Verzug«;
Es sei denn, daß er ohne Schuld
Zu leisten nicht vermag,
So, wenn er Krankheit, Streik erduld'
Und Stückschuld nur in Frag'.
Des Mahnungsworts bedarf es nicht,
Wenn ein Kalendertag
Maßgeblich ist für Leistungspflicht;
Er wirkt als »Mahnungsschlag«.[1]

[1] Eine Mahnung ist nach Treu und Glauben ferner dann auch entbehrlich, wenn der Schuldner bestimmt und endgültig die Leistung verweigert hat (vgl. BGHZ 65, 377).

§§ 286, 288, 291, 326 BGB	Verzug bringt Schadenshaftung mit Bei Geld sind es die Zinsen, Erlaubt ist auch Vertragsrücktritt[1]: Vertrag geht in die Binsen. Nur sei dies vorher angedroht, Mit Nachholfrist-Gewähr; Weil es nur dann gleich möglich ist, Wo Nachfrist sinnlos wär'.

[1] Vgl. auch Lobe, a.a.O., S. 17:
»Beim Verzuge nach gesetzter Frist
Der Rücktritt Dir gestattet ist.«

§§ 293–295, 297, 300 BGB	Das Gegenstück zum Schuldverzug: Der Gläub'ger nimmt nicht an, Was Schuldner leistend zu ihm trug, Obwohl's korrekt getan. Für diesen Fall gibt es Bewegung: Schuldners Haftung wird geschwächt,[1] Es folgt ein Recht zur Hinterlegung, Der Zins fällt weg, zu Recht. Gesetzlich ist auch vorgeschrieben, Daß Gattungsschuld sich konzentriert, Die Folge ist nicht übertrieben, Auf das, was fruchtlos zugeführt.

[1] Nach § 300 Abs. 1 BGB findet z.B. zugunsten des Schuldners eine Haftungsminderung auf Vorsatz und grobe Fahrlässigkeit statt.

VI. Personenwechsel

1. Forderungsabtretung

§§ 398, 412 BGB	Vertraglich ist sie sehr im Schwung Und auch gesetzlich schon:[1] Der Ford'rungsrechte »Abtretung«, Lateinisch nur: »Zession«.

[1] Vgl. z.B. §§ 268 Abs. 3, 426 Abs. 2, 774 Abs. 1 BGB; § 90 BSHG.

Die Abtretung geht formlos an; §§ 403, 410
Auch mündlich' Wort genügt. BGB
Nur liegt dem Schuldner viel daran,
Daß schriftlich er sie kriegt.
Drum ist zu Schuldners Sicherung
Die Leistungspflicht gesperrt,
Bis der Zedent die Abtretung[1]
In Schriftstücksform erklärt;
Das gleiche Recht, und das ist wahr,
Zessionsurkunde zu verlangen,
Hat auch ein jeder Zessionar,
Beweisstück kann er so erlangen.

[1] Als »Zedent« wird der Altgläubiger, als »Zessionar« der Neugläubiger bezeichnet.

Die Schuldnerrechte sind gewahrt, §§ 404, 406,
Jedwede Schuldeinrede, 407 BGB
Ist neuem Gläub'ger nicht erspart,
Die beim Zedent' besteht.
So bleibt für Gegenforderung,
Die an Zedent' gehabt,
Der Schuldner mit der Aufrechnung
Auch nach Zession begabt.
Und endlich: Bis man Sorge trug,
Daß die Zession er kennt,
Gilt für den Schuldner noch mit Fug
Als Gläub'ger der Zedent.
An ihn bezahlt er gültig noch
Und kontrahiert mit ihm,
Veränderung im Schuldnerjoch
Noch völlig legitim.
Natürlich schuldet dann Zedent
Dem Zessionar das Geld
Und, was er ihm als Kontrahent
An Schaden angestellt.

Als Schutz vor allzu großer Not § 400 BGB
Gibt es ein Abtretungsverbot:
Wenn Ford'rungspfändung untersagt,[1]
Und Abtretung gewagt,
Egal ob Übertragung wichtig –
Sie wäre nach Gesetz doch nichtig.

[1] Vgl. z.B. die §§ 850ff. ZPO.

2. Schuldübernahme

§§ 414, 415 BGB

Wenn jemand Schulden übernimmt,
Muß er den Gläubiger befragen,
Der muß, wenn Wirksamkeit gewollt,
Sein »Ja« zur Übernahme sagen.

VII. Gesamtschuld

§§ 427, 830, 2058 BGB

Bei Schuldnermehrheit ist die Frage,
Wie haften Schuldgenossen?
Trifft jeden der Gesamtschuld Plage,
Wenn einer nur geschossen?[1]
Es gilt, was jeweils festgelegt
In Schuldvertrag, Gesetz.
Im Zweifel bei Vertragesschuld
Als Grundsatz gilt: Gesamtschuldnetz.
Für vollen Schaden steht auch ein,
Wer selber willigt ein,
Gemeinsam Taten zu begehen,
Und nicht von Unrecht abzusehen.

[1] Vgl. z.B. den Fall, bei dem jemand durch eine Rakete verletzt wird, die aus einer Gruppe von Personen abgefeuert wurde, die alle Raketen abgebrannt haben (München MDR 1967, 671) – hier ist § 830 BGB einschlägig.

§§ 421ff., 426 BGB

Wenn einer von den Schuldgenossen,
Die Forderung komplett bezahlt,
Ist er nicht unbedingt verdrossen:
Die anderen schulden Rückerhalt.
Soweit er hat zuviel »geblutet«,
Wird ihm mit Recht nicht zugemutet,
Die volle Zahlung abzubuchen,
Den Ausgleich kann er später suchen;
Nach innen nämlich gilt auch hier:
Ein jeder schuldet den Ersatz dafür.
Als Regel gilt dort gleiches Teil,
Wenn Gläubiger ließ einen heil.

VIII. Verträge zugunsten Dritter

§§ 328, 330, 331 BGB

Wenn zwei Personen Abschluß tun,
Der Dritten Nutzen bringt,

So fragt es sich, ob dem Dritten nun
Ein Recht daraus entspringt?
Auslegungsregeln gibt es da,
Für Versicherung und Rente:
Sind Antragsformulare wahr,
Des Anspruchs Frist ward nicht verpennt,
So gibt es dann beim Todesfall,
Und auch für das Erleben,
Bezugsansprüche überall,
Gern wird man danach streben.

Zweiter Teil: Einzelne Schuldverhältnisse

1. GRUPPE: VERÄUSSERUNGSVERTRÄGE

I. DER KAUFVERTRAG

1. Zustandekommen

Zum Kauf gehört die Einigung — §§ 315, 316 BGB
In Gegenstand und Preis.
Doch nötig ist Preisnennung nicht,
Wenn jedermann ihn weiß;
Desgleichen, wenn der Lieferant
Nur »feste Preise« kennt.
Die Einigung wird solchenfalls
Stillschweigend existent.
Festlegen kann man auch,
Und das ist guter Brauch:
Bei billiger Gesinnung
Trifft einer die Bestimmung.

2. Form

Verträge werden formlos wahr, — §§ 311–313, 2033, 2371 BGB
Doch braucht man manchmal den Notar:
Bei Grundstückstausch und -kauf,
Die Nichtigkeit ruht sonst darauf.
Wie etwa auch beim Erbschaftskauf.[1]

[1] *Formbedürftig ist auch der Vertrag über das gegenwärtige Vermögen, vgl. § 311 BGB.*

3. Wirkungen

a) Pflichten der Vertragsteile im allgemeinen

§ 433 BGB

Verkäuferpflicht ist Lieferung,
Das Eigentum verschaffen,
Der Käufer muß annehmen,
Das Geld zusammenraffen.

b) Gewährleistung des Verkäufers

§§ 459, 462, 463 BGB

Ist eine Sache mangelhaft
– Wert oder Tauglichkeit –
Sind stets zu Käufers freier Wahl
Der Rechte zwei bereit:
Er kann den Kaufpreis mindern,
Den Schaden so verhindern,
Er kann zum andern wandeln,
Und mit dem Rücktritt handeln.
War Arglist mit im Spiel,
Verletzt wird Garantie,
So zwingt die Schadenhaftung
Verkäufer in die Knie.

§§ 481ff. BGB i.V. m. Verordnung betreffend Hauptmängel und Gewährfristen beim Viehhandel vom 27.3. 1899 (RGBl., S. 219)

Bei Pferd, bei Esel, Schaf und Schwein,
Bei Rindvieh, Maulgetier,
Da kann nicht jeder Mangel gelten,
Nur Hauptgebrechen zählen hier.
Gewährfrist ist bei solchem Vieh,
Besonders kurz, so kurz wie nie.[1]

[1] So gibt es z.B. bei Schweinen bezüglich der Krankheit »Rotlauf« nur eine Gewährfrist von drei Tagen, bei der Schweineseuche von zehn Tagen.

c) Zahlungspflicht des Käufers

§§ 446, 447 BGB

Wenn Ware untergeht,
Wer trägt das Risiko?
Ist Zufall hier am Werke,
Dann ist die Lage so:
Verkäufer trägt Gefahren –
Nur bei Versendung gilt:
Der Käufer muß bezahlen,
Auch wenn er nichts erhielt.

Doch wenn die Ware falsch verpackt,[1]
Sie deshalb nicht intakt,
Versender muß den Schaden tragen,
Der Käufer kann ihn sonst verklagen.

[1] *Vgl. BGHZ 87, 92.*

4. Vorkaufsrecht

Ein Vorkaufsrecht ist gar nicht schlecht, §§ 504ff. BGB
Wenn der Vertrag ist mundgerecht;
Man tritt – wenn man es will – schnell ein,
Will man es nicht, läßt man es sein!

II. Der Tauschvertrag

Der Tausch, er ähnelt Kauf bestechend, § 515 BGB
Es gilt das Kaufrecht auch entsprechend.

III. Der Schenkungsvertrag

1. Form

Ist ein Geschenk versprochen, §§ 516, 518 BGB
Vor dem Notar erklärt,
Dann kann man immer darauf pochen,
Solange alles nicht verjährt.
Die Schenkung ohne Form,
Sie kann der Schenker heilen,
Denn hierbei gilt die Norm:
Es reicht Geschenkverteilen.

2. Schenkungswiderruf

Wenn Schenker verarmen, §§ 528, 530, 534 BGB
Gesetz zeigt Erbarmen:
Von Beschenkten ist zu erstatten,
Was sie als Schenkung bekommen hatten;
Schlug Schenker auch noch Undank entgegen,[1]
Entzieht das Gesetz dem Beschenkten den Segen.
Der Widerruf ist hier das Mittel,
Und gibt dem Schenker entsprechenden Titel.
Entsprach die Schenkung der Sittenpflicht,
Dann gilt dieser Grundsatz allerdings nicht.

[1] Z. B. in Form schwerer Verfehlungen wie etwa beim Stellen bewußt grundloser Entmündigungsanträge bezüglich des Schenkers (BGH NJW 1980, 1789).

2. GRUPPE: ÜBERLASSUNGSVERTRÄGE

I. Der Mietvertrag

1. Wirkung

a) Gesetzliche Vermieterpflichten

Übergabe und Gewährleistung

§§ 535–539, 542 BGB

Vermieter schulden Wohnungsraum,
Bis Schluß der Mietungszeit.
Ist nutzbar eine Wohnung kaum,
Ist Abhilfe nicht weit:
Wird Mietgebrauch erschwert,
Der Mietgenuß gestört,
Entfällt die Mietzinspflicht,
So es der Billigkeit entspricht.
Und kommt hinzu ein Schaden,
Muß diesen der Vermieter tragen.

Instandhaltung

§ 548 BGB

Was innerhalb des Mietvertrags
An Mängeln neu entsteht,
Belastet – außer wenn die Schuld
Auf Mieters Konto geht –
Die Börse des Vermieters nur;
Der Mieter bleibt verschont:
Bei Wohnungsmiete beispielsweise,
Soweit sie nur »verwohnt«.[1]

[1] In aller Regel verpflichten sich aber Mieter nach den gängigen Mustermietverträgen zur Durchführung von sog. Schönheitsreparaturen, so daß die gesetzliche Vorschrift kaum noch praktische Bedeutung hat.

b) Pflichten des Mieters

Mietzins

§§ 535, 551, 554 BGB

Der Mieter schuldet Mietzinszahlung,
Wenn Fälligkeit steht an,

Gesetz legt fest zur Untermalung:
Er ist bei Rückstand dran,
Sobald der Mietzinsraten zwei,
Die nacheinander steh'n,
Zum vollen oder Teilbetrag
In Zahlungsrückstand gehn.
Wenn insgesamt zwei Monatsmieten
Vom Mieter nicht erbracht,
Dann hilft nur Zahlungsanerbieten,
Vermieter hat sonst alle Macht:
Er kann die Kündigung aussprechen,
Die Miete lösen »per sofort«,
Der Mieter muß dann ganz schnell blechen,
Will bleiben er am alten Ort.

Untervermieten

Am Wohnungsmarkt ist nicht viel los, §§ 549, 550,
Die Wohnungsnot ist groß,[1] 553 BGB
Doch kann dir unterzuvermieten
Vermieter nach Gesetz verbieten;
Nur unzumutbar muß es sein,
Beweislast liegt bei ihm allein;[2]
Mißachtet Mieter das Verbot,
So kommt er seinerseits in Not.
Die Kündigung, meist ohne Frist,
Ist's, was die Folge hiervon ist.

[1] *Vgl. dazu im einzelnen Günther/Traumann, Rechtsprobleme der Wohnraumbeschlagnahme zur Unterbringung Obdachloser, NVwZ 1993, S. 131ff.*

[2] *Vgl. Jauernig, § 549 BGB Anm. 3.*

Rückgabe

Räumt Mieter eine Wohnung nicht, § 557 BGB
Wenn Mietvertrag zu Ende,
So bleibt es bei der Zahlungspflicht
In die Vermieterhände.
Auch andren Schaden muß er zahlen,
Wenn er sich falsch benommen,
Und den Verzug verursacht hat,
Es gibt dann kein Entkommen.[1]

[1] *Vgl. zu der Frage, ob das rechtswidrige Verbleiben in der gekündigten Mietwohnung einen strafbaren Hausfriedensbruch darstellt,*

Günther/Traumann, NVwZ 1993, S. 136: »Insbesondere § 557 BGB trägt dem Umstand Rechnung, daß es aus vielen Gründen immer wieder vorkommt, daß eine Wohnung nicht zum vorgesehenen Zeitpunkt geräumt ist bzw. geräumt werden kann. Ein allgemein strafwürdiges Verhalten der Bewohner kann darin regelmäßig nicht gesehen werden.«

2. Beendigung des Mietverhältnisses

a) Ordentliche Kündigung

§§ 564, 565 BGB

Beendet ist der Mietvertrag,
Sobald die Zeit vorbei,
Für die er abgeschlossen ward:
Von selbst sind beide frei.
Ist eine Mietzeit nicht bestimmt,
Die Frist man dem Gesetz entnimmt.

§§ 564 b, 556 a-c BGB

Der Mieterschutz ist wichtig.
Die Kündigung ist nichtig,
Wenn der Vermieter ohne Grund
Löst mit dem Mieter den Verbund;
Nur ein berechtigtes Interesse,
Verändert Mieters Hausadresse.
Doch beim Beweis sozialer Härte,
Und wenn der Mieter dies erklärte,
Wird Mietvertrag flugs fortgesetzt,
Vermieter ist dann oft entsetzt.

b) Fristlose Kündigung

§§ 553–554 a, 542, 544 BGB

Wem kann man fristlos kündigen?
Der muß schon sehr viel sündigen!
Der Mieter, wenn der Wohnungsraum
Zeigt sich erheblich ungesund,[1]
Vermieter, wären Mietrückstand
Und auch Benutzungsmißbrauch Grund.

[1] Hinzu kommt für den Mieter ein Recht zur fristlosen Kündigung wegen Nichtgewährung des Gebrauchs der Mietsache, § 542 BGB – erfaßt werden auch Fälle, in denen der Gebrauch wesentlich beeinträchtigt wird, z.B. durch Fluglärm bei »Ferien auf dem Bauernhof« (vgl. AG Jever NJW 1971, 1086).

3. Verjährung der Geldansprüche

Ein halbes Jahr nach Mietablauf Ist alles das verjährt, Was Mietpartei von Mietpartei An Ausgleichung begehrt: Vermieter für den Schaden Bei Mietgebrauchsvergeh'n, Der Mieter, wenn Instandhaltung[1] Von seinem Geld gescheh'n. Wird Mietzinsschuld begehrt: Nach viertem Jahr verjährt!	§§ 197, 547, 547a, 558 BGB

[1] Gemeint sind hier auf die Mietsache gemachte Verwendungen i.S.d. § 547 BGB; siehe auch § 538 Abs. 2 BGB.

4. Veräußerung des Mietobjektes

Ein Grundsatz hat Gewicht: Verkauf bricht Miete nicht!	§ 571 BGB,

II. Der Pachtvertrag

Der Regelung des Mietvertrags Entspricht auch die der Pacht, Soweit nicht vom Gesetze selbst Ein Unterschied gemacht.	§§ 581, 582–597 BGB

III. Der Leihvertrag

Leihe ist der Miete ähnlich, Entgelt gibt's aber nicht, Deshalb ist es durchaus verfehlt, Wenn man von »Auto-Leihe« spricht.[1]	§ 598 BGB

[1] Im allgemeinen Sprachgebrauch wird das Wort »Leihe« fälschlicherweise auch für entgeltliche Geschäfte verwendet, z. B. beim gewerblichen »Kfz-Verleih« oder »Kostümverleih« – vgl. Jauernig, § 598 BGB, Anm. 2 b)aa).

Verleiher haften nur beschränkt, Sie müssen deshalb nur vertreten, Falls grob die Sorgfalt ist verletzt. Und Vorsatz war vonnöten.	§ 599 BGB

§ 600 BGB Bei Mängeln eines Leihobjekts,
Die der Verleiher kennt
Und trotz der Kenntnis nicht verrät,
Ist es danach zu spät!
Dann muß er den Schaden tragen,
Entleiher hat ein Recht zu klagen.

§§ 601, 603, 605 BGB Entleiher muß die Sache pflegen,
Beim Leihtier dieses sehr gut hegen.
Tut er trotz Pflicht hier sündigen,
Kann der Verleiher kündigen,
Bei Leihe nämlich ist dies Recht
Auch ohne Frist gegeben,
Dies gilt auch und ist nur gerecht,
Braucht er das Ding zum Leben.

IV. Das Darlehen

a) Begriff

§ 607 BGB Wer Gattungssachen leiht,
Erwirbt im Zweifel Eigentum.
Die Stücke sind bedeutungslos,
Es dreht sich nur darum,
Daß Geber gleichviel einer Gattung
Dereinst zurückerhält.
Man leiht hier also zum Verbrauch:
Besonders häufig Geld.

b) Entstehung

§ 607 Abs. 2 BGB Nicht Pump allein macht Darlehnsschuld,
Man kann auch Schuld umschaffen,
Ersetzt wird dann die alte Schuld,
Durch Darleh'n, neu geschaffen.

c) Form

§ 607 BGB, § 4 VerbrKrG Im Grundsatz gilt es hier zu wissen:
Die Schriftform ist nicht zu vermissen,
Wenn an Verbraucher geht Kredit,
Sonst schwingt die Nichtigkeit schon mit;[1]
Ansonsten sind die Formen frei,
Bei andern Darlehn einerlei:

Der Schuldschein ist nicht wesentlich,
Doch sehr empfehlenswert,
Denn schmerzlich wird er als Beweis
Des Darlehns oft entbehrt.

[1] *Vgl. § 6 VerbrGK.*

d) Wirkung

Bei Darlehn ist in aller Regel, §§ 608, 138, 242 BGB
Ein Zinssatz fest bedungen,
Doch gilt bei allzu hohem Pegel
Die Zinseshöhe als mißlungen.
Verstöße gegen gute Sitten,
Kredite gegen Wucherzins,[1]
Sind vom Gesetz nicht gut gelitten:
Nichtanerkennung des Gewinns!

[1] *Siehe auch § 302 a StGB (Wucher):*
»Wer die Zwangslage, die Unerfahrenheit, den Mangel an Urteilsvermögen oder die erhebliche Willensschwäche eines anderen dadurch ausbeutet, daß er sich oder einem Dritten für die Gewährung eines Kredits Vermögensvorteile versprechen oder gewähren läßt, die in einem auffälligen Mißverhältnis zu der Leistung oder deren Vermittlung stehen, wird mit Freiheitsstrafe bis zu drei Jahren oder mit Geldstrafe bestraft.«

Die Zinsen zahlt man jährlich aus. §§ 608, 609, 609a BGB
Das Kapital verfällt,
Wenn eine Kündigung erfolgt:
Zu zahlen ist das Geld.
Doch Fristen schützen Schuldner sehr,
Geregelt nach der Höhe:
Ein Monat bis dreihundert Mark,
Drei Monat', wenn es mehr.[1]

[1] *Diese gesetzliche Bestimmung zur Fälligkeit der Rückzahlung eines Darlehens gilt nur vorbehaltlich des Fehlens einer vertraglichen Kündigungsregelung; vgl. i.ü. § 609a BGB.*

e) Darlehensversprechen

Wer Darlehnsgeld versprochen, § 610 BGB
Kredit dem andern zugesagt,

Muß dem das Geld nicht geben,
Wenn er sogleich Verlust beklagt,
Weil Darlehnsnehmer droht die Pleite,
Konkurs steht schon an dessen Seite.

V. Der Verwahrungsvertrag

1. Begriff

§§ 688, 689 BGB

Verwahren kann man viele Sachen,
Wenn sie sich nur bewegen lassen.
Die Aufbewahrung, das Behüten,
Ist je nach Umstand zu vergüten.

2. Haftung des Verwahrers

§§ 690, 277 BGB

Erfolgt die Obhut ohne Geld,
Nicht volle Haftung zählt;
Nur eigenüblich muß Sorgfalt sein,
Man sagt dies gerne auf Latein:
»Diligentia quam in suis«,
Wird das Prinzip genannt,
Das durchaus gang und gäbe ist,
Unter Juristen wohlbekannt.

3. Gastwirtshaftung

§§ 701–703 BGB

Der Gastwirt haftet für Gepäck,
Kommt was zu Schaden oder weg.
Doch Selbstverschulden und höhere Gewalt,
Lassen den Gastwirt völlig kalt.
Das gleiche gilt für jene Fälle,
Wo Meldung folgt nicht auf der Stelle.
Die Haftung ist zudem beschränkt:
Sechs Tausender – nicht grad' geschenkt![1]

[1] Zu Fragen des vertraglichen Erlasses oder der vertraglichen Beschränkung der Gastwirtshaftung vgl. § 702 a BGB.

I. Der Dienstvertrag

1. Gegenstand

Ein Recht auf Arbeit gibt es nicht, § 611 BGB
Nur ein Vertrag kann es erzwingen.
Aus ihm ergibt sich stets die Pflicht,[1]
Die volle Leistung zu erbringen.[2]

[1] Es gibt allerdings eine Reihe von Dienstverträgen, die sittenwidrig sein können, z. B. Bordellverträge.
[2] Als Gegenleistung erwächst der Vergütungsanspruch für die geleisteten Dienste.

2. Gleichbehandlung

Die Gleichbehandlung im Geschlecht, §§ 611 a,
Wird vom Gesetz verlangt,[1] 611 b, 612
Sie gilt deshalb im Arbeitsrecht, Abs. 3 BGB
Was Mann und Frau belangt.
Schon Ausschreibung ist nicht legal,
Wenn Stelle nicht geschlechtsneutral.
Doch bei der Amme gilt das nicht,
Weil Mannes Brust kaum Milch verspricht.[2]

[1] Es gilt das sog. Benachteiligungsverbot.
[2] Siehe dazu Steinmeister, Der geplante § 611 a BGB: Ein frauenrechtlicher Rückschritt, ZRP 1993, 127.

3. Wirkungen

a) Pflichten des Arbeitsgebers (»Dienstberechtigten«)

Die Arbeit selbst macht oft Vergnügen,[1] § 612 BGB
Lohn hat man zusätzlich zu kriegen;[2]
So viel, wie vorher man bespricht,
Sonst landet man beim Arbeitsgericht.
Wenn Lohn ist nicht genau bestimmt,
Der Richter dann auf Taxen sinnt:
Gebührenordnung bei Arzt/Advokat,
Gilt jedenfalls und obligat.

[1] *Vgl. Dionysius Cato in seinen Epigrammen I, 107, 8:* »Iuvat ipse labor«.
[2] *Vgl. § 612 BGB i.V.m. Lukas 10, 7: »Denn ein Arbeiter ist seines Lohnes wert.«*

§ 615 BGB

Bei Stromausfall, Maschinenschaden,
Vergütungsanspruch geht nicht baden,
Wenn Arbeitskraft wird angeboten,
Den Lohn verweigern ist verboten.[1]

[1] *Nach § 615 S. 2 BGB muß sich der Dienstverpflichtete allerdings den Wert desjenigen anrechnen lassen, was er infolge des Unterbleibens der Dienstleistung erspart oder durch anderweitige Verwendung seiner Dienste erwirbt oder zu erwerben böswillig unterläßt.*

§§ 616, 617 BGB

Wer ohne Schuld kommt nicht zum Dienst,
Man spricht von »Dienstverhinderung«,
Kann gleichwohl fordern seinen Lohn,
Rechtswidrig ist die Minderung.
Voraussetzung ist kurze Dauer,
Und Gründe liegen in Person:
Fällt etwa einer von der Mauer,
Verfällt nicht seine Provision.
Umstritten ist der Krankheitsfall
Bei Unfällen im Sport,
Wenn dieser Sport gefährlich ist,
Und grenzt beinah an Mord.[1]

[1] *Vgl. zum Drachenfliegen, BAG BB 1982, 494.*

<u>Haftpflicht</u>

§§ 618, 619 BGB, §§ 636ff. RVO

Des Arbeitnehmers Unfall
Geht zu Arbeitgebers Last,
Wenn Mängel im Betriebe schuld,
Wenn Aufsichtspflicht verpaßt.
Soweit die Versicherung
Den Unfallschutz verleiht,
Ist Arbeitgeber allerdings
Von jener Last befreit.

b) Pflichten des Arbeitnehmers

§§ 613, 276 BGB

Den Arbeitnehmer trifft die Pflicht
Zur Leistung in Person,

Wie umgekehrt auch unstatthaft
Des Dienstanspruchs Zession.
Die Leistung muß in Ordnung sein,
Die Arbeit fehlerfrei,
Ansonsten droht die Schadenspflicht,
Die Haftung kommt herbei.[1]

[1] Es kommt aber eine Verantwortungsentlastung bei sog. gefahrgeneigter Arbeit in Betracht.

4. Beendigung

Das Ende eines Dienstvertrags — §§ 620–622, 624, 626–627 BGB
Tritt wie bei Miete ein:
Wenn nicht die Zeit, der Zweck es bringt,
So muß gekündigt sein.
Die Fristen stehen im Gesetz,
Beschränkt nur abdingbar,
Und ist ein fauler Fisch im Netz
– Man ruft den Kommissar –,
Fristlos geht dann das Kündigen,
Wenn Arbeitnehmer sündigen;
Es gilt hier allgemein,
Der Grund muß wichtig sein.[1]

[1] Strafbare Handlungen zählen zu den klassischen Gründen für eine fristlose Kündigung, wenn sie innerhalb der Dienstsphäre stattfinden, vgl. Jauernig, § 626 BGB Anm. 4 b) ee) – auch private Trunkenheitsfahrten eines Berufskraftfahrers können ein Grund zur fristlosen Kündigung sein, vgl. BAG NJW 1979, 332.

Stellensuche

Nach Kündigung des Dienstvertrages — § 629 BGB
Beginnt das Stellensuchen,
Man kann hier Freistellung verlangen,
Die Zeit als Arbeit buchen.

Zeugnis

Ein Zeugnis zu erteilen, — § 630 BGB
Ist eine Nebenpflicht,
Zu Arbeitsart und -dauer
Das Zeugnis ein Bericht.
Wenn Arbeitskraft es will,

So das Gesetz diktiert,
Die Leistung und die Führung
Werden zusätzlich zensiert.[1]

[1] Man bezeichnet dies im Arbeitsrecht als »qualifiziertes Zeugnis«.

II. Der Werkvertrag

1. Gegenstand

§ 631 BGB Das »Werk«, für dessen Herstellung
Aufgrund des Werkvertrages
Der »Unternehmer« haften mag,
Kann sein verschied'nen Schlages:
Jedwede Art der stofflichen
Und Geistesproduktion,
An einer Sache Änderung,
Auch Diensterfolge schon.

2. Form

Die Schriftlichkeit des Werkvertrags
Ist nicht Gesetzespflicht,[1]
Doch ist sie sehr empfehlenswert
Bei Werken von Gewicht.

[1] Ist aber der Unternehmer zur Übereignung eines Grundstückes verpflichtet – sog. Kaufanwärtervertrag – bedarf der Werkvertrag der Form des § 313 BGB, vgl. BGH JZ 1971, 556.

3. Wirkungen

a) Pflichten des Unternehmers

Herstellung des Werkes

§§ 636 BGB Der Werkvertrag legt fest die Pflicht,
Das Werk gut zu erbringen,
Bei Herstellung ist es erlaubt,
Auch Dritte zu verdingen;[1]
Wie sind Bestellers Rechte,
Wenn Fristen sind versäumt?
Es ist hier wie beim Mietvertrag
Dem Mieter eingeräumt:
Vertragsrücktritt in jedem Fall –

Mit Nachfrist, wenn es geht;
Verlangen nach dem Schadensgeld,
Wenn ein Verzug besteht.

[1] Das Werk muß im Regelfall nicht persönlich hergestellt werden – wer allerdings etwa ein Portrait von einem bekannten Maler bestellt, braucht sich nicht auf das des Gehilfen verweisen lassen, vgl. Jauernig, § 631 BGB Anm. I.2.

<u>Gefahr, Gewährleistung</u>

Wie bei dem Kauf es regelt sich — §§ 633–635, 638, 644 BGB
Das Tragen der Gefahr,[1]
Und des Bestellers Rechte,
Werk fehlerfrei nicht war.[2]
Bei Mängelrüge sei jedoch,
Sofern es tunlich ist,
Dem Unternehmer eingeräumt
Genügend Abhilffrist;
Tut man dies nicht, so wird
Kein Mängelrecht gewährt.
Die Bauwerks-Mängel sind speziell
Im sechsten Jahr verjährt.

[1] Der Unternehmer trägt nach § 644 Abs. 1 BGB grundsätzlich bis zur Abnahme das Risiko des zufälligen Untergangs des Werkes; wird das Werk aber auf Verlangen des Käufers an einen anderen Ort als den Erfüllungsort versandt, gelten nach § 644 Abs. 2 BGB ausdrücklich die Regelungen für den Versendungskauf (§ 447 BGB) – in diesem Fall liegt das Risiko beim Besteller.
[2] Der Besteller kann wie im Kaufrecht nach seiner Wahl »Wandlung« oder »Minderung« verlangen.

b) Pflichten des Bestellers

<u>Mitwirkung</u>

Bedarf's Bestellers Mitwirkung, — §§ 642, 643 BGB
Das Werkstück auszuführen
Wie etwa Werkstoff, Pläne liefern,
Auch Kleideranprobieren,
So bringt Verzug das Schadensrecht
Des Unternehmers mit,
Sofern er nicht Vertragsrücktritt –
Im Nachfristweg – vollzieht.

Vergütungszahlung

§§ 632, 641 BGB

Ist Werk erstellt und abgenommen,
So gibt es auch den Lohn;
Auch »Abschlagszahlung« freilich oft
Vertraglich vorher schon;
Gesetzlich kommt dieselbe nur
In dem Fall in Betracht,
Daß beides, Preis und Lieferung,
Nach Teilen ausgemacht.
Für Lohnes Höhe gilt Vertrag,
Auch Taxe, Üblichkeit;
Ansonsten geht die Forderung
Nach Angemessenheit.

Pfandrecht des Unternehmers

§§ 647, 648 BGB

Das Werkstück ist für Werkmanns Lohn
Gesetzlich Unterpfand,
Sofern es ein beweglich Gut
Und noch in seiner Hand;
Entsprechend hat der Bauwerkmann
Ein Recht auf Hypothek,
Doch hätte deren Eintragung
Oft faktisch wenig Zweck.[1]

[1] Weil Baugrundstücke oft schon mit Hypotheken überlastet sind.

Bauhandwerkersicherung

§ 648 a BGB

Gesetz den Bauhandwerker schützt,
Mit Recht auf Sicherheit er dringt,
Damit die Arbeit ihm auch nützt,
Wenn Vorleistungen er erbringt;
Falls nicht erbracht die Garantie,
Besteller sieht die Leistung nie.[1]

[1] Der Bauhandwerker kann bei fehlender Sicherheitsleistung seine Werkleistung verweigern, vgl. § 648 a Abs. 1 S. 1 BGB.

4. Beendigung

§§ 649, 650 BGB

Besteller löst den Werkvertrag,
Sobald es ihm beliebt,
Was nicht das Recht – beileibe nicht! –
Den Preis zu kürzen, gibt;[1]

Es sei denn, wenn ein Voranschlag,
Zu dem vergeben war,
Was Überschreitung anbelangt,
War ernstlich in Gefahr;
In diesem Fall genügt vom Preis
Der Teil, der dem entspricht,
Was Unternehmer an dem Werk
Bis dahin ausgericht'.

[1] Nach § 649 S. 2 BGB muß sich der Unternehmer im Einzelfall jedoch anrechnen lassen, was er infolge der Aufhebung des Vertrags an Aufwendungen erspart oder durch anderweitige Verwendung seiner Arbeitskraft erwirbt oder zu erwerben böswillig unterläßt.

III. Der Reisevertrag

1. Inhalt

Zu zahlen ist der Reisepreis, — § 651 a BGB
Wenn du Pauschaltourist.
Beförderung und Unterkunft
Des andern Leistung ist.

2. Reisemängel

Wenn eine Reise mangelhaft, — §§ 651 a, c-f BGB
Die Unterkunft nur Grauen schafft,
Weil Ungeziefer, Meeresdreck
Spült'n Urlaubslaune gänzlich weg,
Wird Abhilfe dir doch geschuldet;
Gesetz nicht Lärm und Wanzen duldet.[1]
Doch nur wenn Mangel angezeigt
Und trotzdem Reisefehler bleibt,
Nur dann muß Unternehmen haften,
Des Preises Minderung verkraften,
Auch Kündigung steht ihm ins Haus,
Mit Wandlung ist Vertrag dann aus.
Es bleibt die Pflicht zum Rücktransport
In des Touristen Heimatort.
Daneben ist als Schadensposten,
Wenn Urlaubszeit gebracht nur Kosten,

Und »Urlaubstag« sinnlos vertan,
Ein Folgeschaden zu bejah'n.

[1] Vgl. etwa den instruktiven Wanzenfall OLG Hamm NJW 1975, 123 – das feuchte, ungeheizte und von Wanzen befallene Zimmer machte den Urlaub infolge der psychischen Belastungen völlig wertlos; zu Kakerlaken im Hotelbungalow auf Gran Canaria vgl. LG Frankfurt NJW-RR 1988, 245; zum Lärm siehe OLG Köln FVE 576.

3. Verjährung

§ 651 g BGB

Ein Mängelrecht wird nur gewährt,
Wenn man es in der Frist begehrt;
Entscheidend ist das Reiseende,
Die Monatsfrist ist anzuwenden.
So daß denn binnen dieser Frist
Der Anspruch zu erheben ist;
Und die Verjährung generell?
Bei Reisen läuft sie ziemlich schnell:
Sechs Monate sind hier die Zeit,
Die Kunden nach der Reise bleibt.

4. Rücktritt vor Reisebeginn

§ 651 i BGB

Vor dem Beginn der Reise
Ein Rücktritt möglich ist,[1]
Doch zahlen muß das Storno
Verhinderter Tourist.

[1] Bis zum Reisebeginn kann der Reisende grundsätzlich auch verlangen, daß an seiner Stelle ein Dritter an der Reise teilnimmt, vgl. § 651 b BGB.

5. Kündigung wegen höherer Gewalt

§ 651 j BGB

In Fällen, wo der Aufenthalt
Erheblich wird erschwert,
Das Reiserecht den Anspruch
Auf Kündigung gewährt;
Es gilt in gleichem Maße
Für Unternehmer und Tourist,
Wenn Seuche oder Schlimmeres
Am Urlaubsorte ist.[1]

[1] *So etwa Krieg, Naturkatastrophen – nicht aber Streik im Reiseland, vgl. BT-Drucks. 8/2343, S. 12.*

IV. Der Mäklervertrag

a) Allgemeiner Mäklervertrag

Vertragsschluß Dritter ist es, §§ 652–655
Wofür der Makler Dienste leiht; BGB
Er eint sie ganz, zumindest aber
Zeigt er Vertragsgelegenheit.
Sein Recht auf Lohn, die »Provision«,
Und Kostenrückersatz
Ist immer dann, wenn durch sein Werk,
Vertrag entstand, am Platz.
Doch war verletzt die Treuepflicht
Durch doppeltes Mandat,
Die Zahlungsklage vor Gericht
Nicht viele Chancen hat.
Bei Dienstvertragsvermittlung[1]
Gilt für die Provision,
Der Richter darf sie kürzen
Auf den korrekten Lohn.

[1] *Der Anwendungsbereich dieser Vorschrift ist wegen des Vermittlungsmonopols der Bundesanstalt für Arbeit (§§ 4, 13, 228 AFG) äußerst beschränkt.*

b) Heiratsvermittlung

Die Ehe wird sehr oft vermittelt, § 656 BGB
Der »Maklerlohn« nicht so betitelt,
Weil das Gesetz den Lohn nicht mag,
Nicht gültig ist solch ein Vertrag.
Doch Makler sind recht findig,
Zuweilen einfach windig:
Als »Mitgliedsbeitrag« und »Gebühr«
Getarnt sind Maklers Löhne hier;
Vorauszahlung ist meistens Trumpf[1]
In diesem Partnerservicesumpf.

[1] *Die Heiratsvermittler versuchen auf diese Weise, für ihre Zwecke die Vorschrift des § 656 Abs. 1 S. 2 BGB auszunutzen.*

V. Auslobung

a) Allgemeine Auslobung

§§ 657–658 BGB

Wer öffentlich Belohnung setzt
Für Handlungen, Erfolge,
Der haftet im Auslobungsfall,
Entsprechend er besolde.
Für Anspruch auf Auslobungslohn
War Kenntnis nicht vonnöten.
Auch der, der nicht vom Lohn gewußt,
Ist gänzlich zu vergüten.
Wer allerdings Auslobung schuf,
Dem bleibt zumindest Widerruf,
Wenn nicht Belohnung schon entstanden,
Zum Beispiel da, was erst abhanden.

b) Preisausschreiben

§ 661 BGB

Ein Preisausschreiben, Wettbewerb,
Ist für so manchen schlichtweg derb,
Allein die Jury trifft die Wahl,
Ob Werk des Siegers war genial.
Doch eine Prüfung durch Gericht,
Gibt es in diesem Falle nicht.[1]

[1] Eine sachliche Prüfung durch das Gericht ist ausgeschlossen, vgl. BGH MDR 1966, 572; grobe Verfahrensfehler können im Rahmen des § 1041 ZPO geltend gemacht werden, BGH NJW 1983, 442.

VI. Auftrag

1. Gegenstand

§ 662 BGB

In Auftrag läßt sich alles geben,
An Auftragnehmer, die sich regen.
»Geschäftsbesorgung« ohne Geld,
So sieht es die Gesetzeswelt.

2. Rechtsstellung des Beauftragten

§§ 669, 670 BGB

Der Auftrag geht nicht gegen Geld,
Doch ist es immer freigestellt,

Daß Auftragnehmer Vorschuß will,
Weil Spesen drücken vor dem Ziel.
Auch späteren Ersatz von Kosten,
Nicht aber Schmiergeld und solch' Posten,
Kann Auftragnehmer dann begehren,
Braucht eigene Gelder nicht verzehren.
Dies gilt auch bei dem Schadensfall,
Wenn Auftrag führte zur Gefahr;
Zu schützen ist hier der Vasall,
Falls Risiko nicht bei ihm war.[1]

[1] Man geht von einer Risikohaftung des Auftraggebers aus, wenn der Beauftragte als adäquate Folge der Geschäftsbesorgung einen Schaden erleidet, welcher aus der durch die Geschäftsbesorgung besonders begründeten Gefahr erwächst, vgl. Jauernig, § 670 BGB Anm. 3 b) – etwa die Verletzung eines vom Opfer zugezogenen Helfers bei Festnahme eines bewaffneten Rechtsbrechers, BGHZ 52, 115.

3. Beendigung

Kündigung und Widerruf § 671 BGB
Soll jederzeit es geben,
Zur »Unzeit« gilt die Kündigung
Jedoch als Art Vergehen.

4. Besondere Fälle

a) Ratschläge

Wer unentgeltlich Rat erteilt, §§ 676, 839
Der bleibt von Haftung frei, BGB
Auch wo Befolgung Schaden bringt,
Wenn Arglist nicht dabei,
Und falls er nicht zu jenem Dienst
Besonders sich empfahl.
Beamte freilich haften stets
Im Pflichtverletzungsfall.[1]

[1] Nach der Rechtsprechung des BGH ist es die Amtspflicht des Beamten, der die Erteilung von Rat und Auskunft übernommen hat, diese richtig, klar und vollständig zu erteilen (BGH NJW 1980, 2574)

b) Auftragsanerbieten

§ 663 BGB Ob, wer sich öffentlich erbot,
Wer öffentlich bestellt
Zu einer Auftragstätigkeit,
Gleichwohl das Recht behält
Der Weigerung im Einzelfall?
Gewiß! Doch muß das »Nein«
Sofort gescheh'n; er würde sonst
Auf Schaden haftbar sein.
Desgleichen, wer sich allgemein,
Obzwar privat, erbot;
Ihm bleibt das nein im Einzelfall,
Nur Schleunigkeit tut not.

VII. Entgeltliche Geschäftsbesorgung

§ 675 BGB Ein Teil der Auftragsnormen gilt
Wenn Dienst-, wenn Werkvertrag,
Geschäftsbesorgung mit sich bringt,
So bei des Anwalts Klag'.[1]

[1] Vgl. dazu BGHZ 71, 381: Geschäftsbesorgungsdienstvertrag.

VIII. Geschäftsbesorgung ohne Auftrag

§§ 677, 678, 823ff. BGB Wenn einer ohne Auftrag handelt,
Für jemand ein Geschäft anbandelt,
Hat er die Pflicht, es so zu führen,
Wie Fremdinteressen es gebühren:
Geschäftsherrn Wille ist entscheidend,
Wenn sein Interesse zeigt sich leidend,
Geschäftsführer muß Schaden tragen,
Falls solchen die Geschäftsherrn haben.

§§ 679, 683 BGB Es gibt im Leben solche Fälle,
Wo unbeachtlich ist der Wille,
Den der Geschäftsherr an sich hat.
So, wenn ein Geschäft fand statt,
Für das er Auftrag nicht erteilt,
Etwa der Retter zu ihm eilt,

Und ist bei Unfall schleunigst da:
Dies ist ein Fall der GoA![1]
Für alle, die sich so bemühten,
Ist jeder Aufwand zu vergüten.
Es lag dann im gemeinen Wohl,
Geschäftsherrn nicht der Teufel hol'.
Er muß den Aufwand später tragen,
Ein Widerspruch hat kein Gewicht.
Dasselbe gilt, wenn er verletzt
Gesetzliche Ernährungspflicht,
Wenn Kind von Eltern nicht versorgt,
Und Dritter dann die Nahrung borgt.

[1] Geschäftsführung ohne Auftrag.

IX. Der Gesellschaftsvertrag

Gesellschaftsbildung mit dem Zweck §§ 705 ff.
»Gewerbetätigkeit« BGB
Hat mancherlei Gestaltungsform
Nach Handelsrecht bereit.
Gelegenheitsgesellschaften,
Wie Alltag sie gebiert,
Ist jener Typ gewidmet,
Den's BGB normiert;[1]
Ob Fahrgemeinschaft, Wettverbindung,
Gesetz zeigt uns dort manche Windung.
Doch immer galt der Grundsatz schon:
Gesellschaft hier nicht Rechtsperson!
Die einzelnen Personen,
Sie bilden hier das Band,
Träger von Rechten, Pflichten
Ist die gesamte Hand.

[1] Es gibt aber auch BGB-Gesellschaften mit gewerblichem Charakter, z.B. handwerkliche Gewerbebetriebe (BGHZ 45, 312), Anwaltssozietäten (BGHZ 56, 357).

4. GRUPPE: GLÜCKSVERTRÄGE

I. Leibrente

§§ 759–761 BGB

Wer Leibesrente zahlen muß,
Den interessiert der Zahlungsschluß:
Im Zweifel geht die Zahlungspflicht
Bis an des Rentners Ende,
So daß in dessen frühem Tod
Oft Schuldners »Glück« bestände.
Wenn Rente durch Vertrag versprochen,
Der Schriftform es bedarf
Man kann sonst nicht auf Zahlung pochen,
Gesetz ist hier sehr scharf.[1]

[1] *Bei der Schenkungsrente ist § 518 BGB zu beachten.*

II. Spiel und Wette

§ 762 BGB

Der Spielschuld, Wettschuld jeder Art
Ist Klagbarkeit verwehrt;
Es würde aber, was bezahlt,
Vergebens rückbegehrt.[1]

[1] *Auf die nach §§ 284ff. StGB verbotenen Spiele findet § 762 BGB keine Anwendung; hier ist Nichtigkeit nach § 134 BGB die Folge.*

§ 763 BGB

Nur Losgewinn hat Klagbarkeit,
In jedem deutschen Staat,
Sofern die Lotterie daheim
Die Staatserlaubnis hat.[1]

[1] *Vgl. dazu Schlund, Das Zahlenlotto, 1972.*

§ 764 BGB[1]

Der Börsenkauf von Wertpapier'n
Und Waren gilt als Spiel,
Wenn nicht das Liefern, sondern nur
Der Kursgewinn das Ziel;
Doch ist den »Börsenfähigen«
Der »Differenzeinwand«,
Bei »offizieller« Börsenware
Gänzlich aberkannt.

[1] *Vgl. dazu auch die §§ 50–61 Börsengesetz, wo der sachliche, räumliche und persönliche Anwendungsbereich der §§ 764, 762 BGB näher bestimmt wird.*

5. GRUPPE: SCHULDFESTSTELLUNGS- UND SCHULD-SICHERUNGSVERTRÄGE

I. Der Vergleich

a) Begriff

So oft ein Recht im Streite liegt, Man im Prozeß nicht sicher siegt. Man denke an den guten Rat, Und schreite dann zur guten Tat: Sich vertragen ist besser als klagen! Segensreich ist der Vergleich!	§ 779 BGB

b) Unwirksamkeit

Vergleiche, welche offenbar Nur deshalb kontrahiert, Weil beide Teile gleicher Art Im Sachverhalt geirrt, Sind ohne weit'res unwirksam. So, wenn man Glaubens wär', Ein Schuldschein existiere nicht, Und fänd' ihn hinterher.	§ 779 Abs. 1 BGB

II. Der Bürgschaftsvertrag

a) Begriff

Der Bürge steht mit seinem Wort Für fremde Schulden ein. Er will, wenn Schuldner nicht bezahlt, Dem anderen haftbar sein. Doch steht er nur an zweiter Stelle, Gesetz ist für ihn gut: Man pfände erst den Schuldner selbst, Bevor der Bürge blut'! Und demgemäß ein weit'res Recht: Hat Gläubiger ein Pfand, So sei dies vor der Bürgschaftsschuld Zur Deckung schon verwandt.	§§ 765, 771–772 BGB

Und dennoch gibt es manchen Fall,
Wo Bürgschaft ist des Unglücks Quell:
So wird nach Volksmund schnell erwürgt,
Wer für den andern sich verbürgt!

b) Form

§ 766 BGB Bei Bürgschaft ist die Haftung groß,
Das Risiko enorm,
Mit Schriftlichkeit will das Gesetz
Deshalb besond're Form.

c) Wirkung

Haftung des Bürgen

§ 767 BGB Der Umfang einer Bürgschaftsschuld,
Die Haftung für Verzug,
Bestimmt die Hauptverbindlichkeit,
Doch damit nicht genug:
Der Bürge haftet auch für Kosten,
Die Kündigung bewirkt,
Und auch für Rechtsverfolgung,
Wenn Schuldner nicht mehr tilgt.
Doch wird die Hauptschuld ausgeweitet,
Speziell durch Rechtsgeschäft
Ist Bürgschaft nicht erweitert,
Den Bürgen trifft es nicht.

§§ 768, 770 BGB Was Schuldner selbst der Zahlungspflicht
Entgegenhalten kann,
Darf Bürge auch in gleichem Maß,
Er steht nicht hintenan;
Soweit der Schuldner, das kommt vor,
Auf Einreden verzichtet,
Wird damit immerhin nicht gleich
Das Bürgenrecht vernichtet.

Rückgriff des Bürgen

§ 774 BGB Bleibt Schaden bei dem Bürgen hängen,
Wenn Bürgerschaftsfall trat ein?
Nein! Falls er zahlt seine Bürgenschuld,
Konnt' Schuldner so befrei'n,
Geht Forderung im Rückgriffsweg

Auf solchen Bürgen über,
Es bleiben ihm die Hoffnungen,
Daß Geld kommt wieder 'rüber.

6. GRUPPE: »ABSTRAKTE« SCHULDVERHÄLTNISSE

I. Schuldversprechen/Schuldanerkenntnis

a) Begriff

Durch Schuldvertrag kann man versprechen, Daß ohne Schuldgrund man wird blechen. Die Zusage reicht ganz allein, Abstrakt soll »Schuldversprechen« sein. Das gleiche gilt beim »Anerkennen«, Den Schuldgrund muß man nicht benennen.	§§ 780, 781 BGB

b) Form

Bei Anerkenntnis, Schuldversprechen,[1] Die Schriftlichkeit gilt als Prinzip, Verletzung kann sich bitter rächen, Wenn nicht vorhanden ist ein Schrieb!	§ 780 BGB, § 781 S. 1 BGB

[1] Nach § 781 S. 2 BGB bleiben strengere Formerfordernisse unberührt.

II. Anweisung/Inhaberschuldpapier

Es gilt die Inhaberschuldverschreibung Durchaus ohne Übertreibung Als ziemlich wichtiges Wertpapier, Genannt sei sie aus dem Grund hier. Streng davon zu trennen Ist, was wir »Anweisung« nennen.	§§ 783ff., 793ff. BGB

7. GRUPPE: SCHULDVERHÄLTNISSE KRAFT GESETZES

I. Ungerechtfertigte Bereicherung

Wenn von A ohne Grund geleistet wird So B Schuld gezahlt, die nicht existiert, Vertrag ausgeführt, der nichtig wär' –,	§§ 812, 818 BGB[1]

Und auch, wo Grund entfällt hinterher:
Dann ist es Pflicht zurückzugeben,
Was unrechtmäßig B erlangt.
Doch muß er noch bereichert sein,
Der A entsprechend bangt.
Zu leisten ist der Gegenstand
Und auch ein Surrogat,
So wenn der B für Ring des A
Erhielt ein Duplikat;
Auch Nutzung ist herauszugeben,
Wie etwa Zinsessegen,
Und Wertersatz, so beim Verkauf
Des fremden Stücks Vermögen.

[1] *Vgl. zur verschärften Haftung die §§ 819, 820 BGB.*

§ 814 BGB Wer leistet und die Nichtschuld kennt,
Tut kund den Rückgewährverzicht;
Das gleiche gilt bei Zahlungen,
Wenn Anstands- oder Sittenpflicht[1].

[1] *Hierunter fällt übrigens das sog. Trinkgeld.*

§ 816 BGB Hat Nichtberechtigter verfügt,
Verkauft den fremden Gegenstand,
So ist, wenn Eigentümer rügt,
Das Recht in dessen Hand:
Was ihm aus diesem Kauf gebührt,
Wird per Gesetz ihm zugeführt.

§ 817 BGB, Verletzt die Leistung gute Sitten,
§ 331 StGB Gebrochen wird Gesetzverbot,
So ist es unbestritten,
Daß Kondiktion Empfänger droht:
Es gilt die Pflicht zur Rückgewähr,
Bereich'rungsrecht greift ein,
Doch gilt dies alles nimmermehr,
Wenn Leistender war auch ein »Schwein«[1];
So etwa bei dem Bauprojekt,
Wo Architekt hat schnell entdeckt,
Wie man mit Plänen nicht aneckt,
Wenn man Behörde Geld zusteckt.

[1] *Im »moralisch-juristischen« Sinne.*

II. Unerlaubte Handlung

Im allgemeinen haftet man §§ 823, 825
Für Schäden aus Delikt, BGB
Wenn's einer dieser Fälle ist,
Wodurch er zugefügt:
Die Übeltat an fremdem Leib,[1]
Verletzung eines Lebens,
Schaden an fremdem Eigentum,
Beschränkung Freiheitsstrebens;[2]
Die Haftung greift zudem auch ein,
Wenn »Schutzgesetze« sagten »nein!«,
Und wurden übertreten,
So beim Diebstahl von Moneten.[3]

[1] *Vgl. hierzu auch § 825 BGB:*
»Bestimmung zur Beiwohnung
Wer eine Frauensperson durch Hinterlist, durch Drohung oder durch Mißbrauch eines Abhängigkeitsverhältnisses zur Gestattung der außerehelichen Beiwohnung bestimmt, ist ihr zum Ersatz des daraus entstehenden Schadens verpflichtet.«
[2] *Durch § 823 Abs. 1 BGB erfolgt auch ein Schutz sog. »sonstiger Rechte«, z.B. an dem eigenen Namen, bei Firmen der Reklamen.*
[3] *§ 823 Abs. 2 BGB i.V.m. § 242 StGB.*

Ein Schadensanspruch wird gewährt,
Wenn man zum Beispiel mal erfährt,
Daß durch Behauptungen von Dritten, § 824 BGB
Kredite werden sehr erschwert.
War die Behauptung wahrheitswidrig,
Selbst wenn Motive gar nicht niedrig,
Im Grundsatz tritt die Haftung ein,[1]
»Kreditgefährdung« soll nicht sein.

[1] *Siehe aber § 824 Abs. 2 BGB:*
»Durch eine Mitteilung, deren Unwahrheit dem Mitteilenden unbekannt ist, wird dieser nicht zum Schadenersatze verpflichtet, wenn er oder der Empfänger der Mitteilung an ihr ein berechtigtes Interesse hat.«

§ 826 BGB Verstöße gegen gute Sitten,
Mit Vorsatz Schaden bringen,[1]
Darf nach Gesetz dem Schädiger
In keinem Fall gelingen:
Er muß den Schaden tragen,
Den andere dadurch haben.

[1] *Z. B. ein wissentlich falscher Rat, Schädigung durch unbegründete Denunziation, bewußte Schädigung des Verkaufs- oder Mietwertes eines Nachbargrundstückes durch Errichtung eines Bordellbetriebes (vgl. RG 57, 239); siehe auch Steindorff, Die guten Sitten als Freiheitsbeschränkung – Summum ius, summa iniuria, 1963.*

§§ 827–829 BGB Für Haftungsfolge aus Delikt,
Gesetzlich wird vorausgeschickt,
Daß alt genug der Täter ist,
Bei Kind die Haftung man vermißt,
Wenn es nicht sieben Jahre alt,
Es sei denn, es ist wohlbestallt;
Ansonsten, falls man nicht von Sinnen,
Man kann der Haftung kaum entrinnen.
Als Grenze bleibt die Billigkeit,
Im Zweifel hilft Gerichtsentscheid.

Haftung für fremde Handlung

§§ 831, 839 BGB Wenn jemand sich auf mein Geheiß
Verrichtungstätig regt,
Wenn jemand's Überwachung mir
Als Rechtspflicht auferlegt,
Gesetzlich, amtlich, kraft Vertrags,
Bin ich nebst ihm verpflichtet,
Aus Schäden, die er währenddem
Bei Dritten angerichtet.
»Entlastung« freilich steht mir frei;
Sie fordert den Beweis,
Daß nicht das mindeste versäumt
Aus meinem Pflichtenkreis.
Auch Staat, Gemeinden haften so
Für Amtspersonentat;
Doch schaffet hier im Regelfall
Entlastungsnachweis Rat.[1]

[1] *Vgl. zu den Voraussetzungen des § 839 BGB meine Ausführungen in KStZ 1991, S. 207.*

Haftung für Kinder

Wenn Kinder Schaden richten an, § 832 BGB[3]
Dann sind zumeist die Eltern dran:
Entscheidend ist die Aufsichtspflicht,[1]
Gesetz verlangt von Eltern nicht,
Daß sie ihr Kind beizeiten,
Zu jedem Ort begleiten,
Doch müssen sie ihr Kind belehren,
Zum Drittschutz manch' Verbot bescheren;
Im Einzelfall auch überwachen,
Was Kinder und Konsorten machen,[2]
Doch gilt auch hier trotz Kindgefahr,
Als Grenze das, was zumutbar.

[1] *Nach § 832 Abs. 2 BGB trifft die Verantwortlichkeit auch denjenigen, welcher durch Vertrag die Aufsicht übernimmt.*
[2] *Besonders lesenswert ist in diesem Zusammenhang ein Aufsatz von Prof. Dr. Müssig mit dem Titel »Rechtsgutverletzungen und ihre Folgen im Recht der unerlaubten Handlungen – Max und Moritz im Spiegel des Deliktsrechts«, DVW 1987, S. 25 ff. und 1988, S. 25 ff.; vgl. zur Strafbarkeit von Max und Moritz: Günther, Der Fall Max und Moritz, Frankfurt 1988.*
[3] *§ 832 BGB regelt nach seinem Wortlaut auch die Haftung Aufsichtspflichtiger für beaufsichtigungsbedürftige Volljährige.*

Haftung für Tiere

Wenn Tiere Schaden angerichtet, § 833 BGB
Dann stell'n sich Haltern Haftungsfragen:
Der Halter zum Ersatz verpflichtet,
Wenn etwa Hunde Menschen jagen –
Verwirklicht ist dann Tiergefahr,
Wie immer sie im Tiere war;
Ersatzpflicht tritt indes nicht ein,
Wenn mal ein Nutztier war gemein,[1]
Als Beispiel gelten Imkers Bienen,[2]
Wenn dem Beruf sie emsig dienen.

[1] *Zusätzlich muß der Nachweis fehlender Aufsichtspflichtverletzung vorliegen oder eine fehlende haftungsbegründende Kausalität belegt werden, vgl. § 833 S. 2 letzter Halbs. BGB.*

[2] *Bei Bienen ist es allerdings umstritten, ob es sich wirklich um Haustiere handelt, vgl. dazu RG 158, 388.*

§ 834 BGB

Wer durch Vertrag es übernimmt,
Für Halter Tiere zu hüten,
Hat bei Beweis des Sorgfaltsmangels,
Den Schaden zu vergüten;
Für Opfer eines Tierangriffs
Gibt es gleichwohl die Hürde:
Im Grundsatz Anspruch nur entsteht,
Wenn Schaden nicht sein würde,
Falls Sorgfalt aufgewendet,
Und nicht die Pflicht geschändet.

Haftung bei Einsturz eines Gebäudes

§§ 836–837 BGB

Wenn ein Gebäude falsch gebaut,
Mit Fehlern ist errichtet,
So haftet stets im Einsturzfall,
Wenn Leben gar vernichtet,
Besitzer für die Schadensfolgen,
Muß Erben dann besolden;[1]
Das gleiche gilt bei Wartungsmangel[2],
Wenn Tür sprang aus der Angel;
Jedoch dafür ist nur zu haften,
Wenn Fehler ein Verschulden schafften.

[1] *§ 844 Abs. 2 BGB.*
[2] *Vgl. dazu auch § 838 BGB.*

Schadensumfang

§§ 249, 252, 843, 847 BGB

Aus dem Delikt folgt Schadenspflicht
Wie stets im Doppelsinn:
Sie trifft entstandenen Verlust,
Entgangenen Gewinn;
Im Einzelfall auch Schmerzensgeld,[1]
Wer körperlich verletzt,
Bekommt die Dauerschädigung
In Rentenform ersetzt.

[1] *Seit dem 1.7.1990 ist übrigens ein Schmerzensgeldanspruch übertragbar, pfändbar und vererblich (s. Gesetz v. 14.3.1990, BGBl. I 478).*

Im Tötungsfall der Schädiger
Muß solchen Schaden tragen,
Der Dritten durch die Tat entsteht,[1]
Weil Mangel sie beklagen,
Falls sie das Opfer hat ernährt,
Gesetzpflicht lag zugrunde,
Ersatzanspruch wird hier gewährt,
Auch für die Todeswunde.

§ 844 BGB

[1] *Die Beerdigungskosten sind ein weiterer Schadensposten, vgl. § 844 Abs. 1 BGB; s. auch § 845 BGB.*

Mehrzahl der Täter

Gemeinsam unerlaubt gehandelt,
So etwa fremdes Haus verschandelt:
Dann muß man auch gemeinsam haften,
Gemeinsam Schadensgeld verkraften.
Das Opfer sucht sich dann heraus,
Wer zahlt am besten für das Haus;
Gesamtschuld nennt es das Gesetz,
Es zappeln Schuldner so im Netz.
Das gleiche gilt bei Gruppentaten,
Kann man den Täter nicht erraten,
Beteiligung reicht dabei aus,
Und alle haften sie daraus.

§§ 830, 840 BGB

Verjährung

Wenn man vom Schaden aus Delikt
Als Opfer erstmals Kenntnis kriegt,
Dann darf man nicht zu spät sich wehren,
Sonst kann das Recht sehr schnell verjähren:
Drei Jahre ist dabei die Frist,
Sofern nicht Sonderfall es ist.[1]

§ 852 BGB

[1] *So bei Verjährung von Ansprüchen aus ungenügender ärztlicher Aufklärung über Operationsfolgen, deren Ausmaß erst später übersehbar sind, BGH NJW 1976, 363.*

Schon in zwei Instanzen verloren…und er beklagt sich,
als ob wir nicht noch in die nächste Instanz gehen könnten!…

Drittes Buch: Sachenrecht

A. Allgemeines

I. Begriff der Sache

»Sache« im Gesetzessinn §§ 90, 90 a BGB
Ist Körpergegenstand,
Tiere zählten auch dahin,
Doch hat man dann erkannt,
Daß Tierschutz, wie er sinnvoll ist,
Das BGB vermißt,[1]
So daß ein neuer Paragraph
Hineingekommen ist;
»Tiere« haben Sonderschutz
In Vorschrift 90 a,[2]
Doch Vorschriften des Sachenrechts
Sind weiter für sie da.

[1] *Vgl. dazu Übersohn, Schrecken und Komik der juristischen Tierverehrung, KritJ 1986, 1 ff.; Schmidt, Sind Hunde Plastiktüten, JZ 1989, 790.*

[2] *Siehe auch den neuen § 251 Abs. 2 S. 2 BGB, der die ersatzfähigen Heilbehandlungskosten nicht mehr auf den Marktwert des verletzten Tieres begrenzt – die alte Gesetzesfassung hatte zu ungerechten Ergebnissen geführt (vgl. LG Wuppertal NJW 1979, 2213; Schmidt, VersR 1979, 402).*

II. Einteilung der Sachen

1. Mobilien/Immobilien

Was fest gebannt an seinen Ort,
Was »unbeweglich« ruht,
Ist Grundstücksimmobilie,
So heißt dies Institut;
»Beweglich« ist sodann,
Was man bewegen kann.

2. Bestandteile/Zubehör

a) Im Allgemeinen

§§ 93, 97, 314, 926 BGB

Sach-»Bestandteil« unterscheide
Von der Sache »Zubehör«.
Ihrem Ganzen dienen beide,
Aber doch verschieden sehr:
Der Bestandteil von Natur,
Zubehör durch Widmung nur.
Deshalb können Zubehöre
Leicht vom Ganzen wieder geh'n,
Etwa Hülle vom Gewehre,
Würd' ein Käufer sie verschmäh'n;
Der Bestandteil dahingegen,
Zählt zum Wesen er des Ganzen,
So wie auch der Griff vom Degen,
Kann nie aus der Reihe tanzen,
Teilt durch dünn und dick,
Stets des Ganzen Rechtsgeschick.

b) Bei Grundstücken

§ 97 BGB

Was dem Grundstücks-Zubehör,
Meistens sagt man »Inventar«,
Jeweils zuzurechnen wär',
Macht des Grundstücks Nutzung klar:
Was der Nutzung dauernd dient,
Zubehörsnatur gewinnt.[1]

[1] *Beispiel: § 98 BGB.*

§ 94 BGB

Zu des Grundstücks Wesensteilen
Zähle: Früchte, die entsprossen
Und noch ungetrennt dort weilen;
Was in Grundstücksbau geflossen;
Ferner noch, was fest verbunden
Auf dem Grundstück Platz gefunden.

3. Früchte

§ 99 BGB

»Frucht« ist alles, was den Dingen
Durch Naturprozeß entsprießt[1]
Oder Menschenkräfte bringen,

»Ausbeute«, die man erschließt;[2]
Auch, was Rechtsgeschäft gemacht,
Beispiel: Geld aus Miete, Pacht.

[1] *Vom Huhn das Ei, das Kalb der Kuh.*
[2] *Z. B. Kohle oder Sand.*

B. Besitz

Sei im Besitz, und du wohnst im Recht[1] §§ 858–864
Besitzer sein, das ist nicht schlecht, BGB
Man braucht die volle »Sachherrschaft«,
Es hilft dann die Gesetzeskraft:
Besitz von Sachen ist geschützt.
Wer solchen wegnimmt oder stört,
Ist vor Gericht schnell abgeblitzt,
Hat man sich in der Zeit gewehrt;
Frist dazu: ein volles Jahr,
Nachdem der Streich geschehen war.
Freilich bleibet dieser Schutz
Vordermännern dann versagt,
Falls sie selbst mit List, mit Trutz
Vom Besitze mich verjagt;
Hier besitzt man »Fehlerhaft«,
Drum versagt die Abwehrkraft.

[1] *Zitiert nach Schiller, »Wallensteins Tod«, I, 4; vgl. schon den alten, von Euripides überlieferten lateinischen Rechtsgrundsatz* Beati possidentes *(Glücklich die Besitzenden).*

Oft besitzt man eine Sache § 868 BGB
Auch für andre mit, und zwar
Gleichsam als des andern Wache –
Er besitzt so mittelbar.
Beispielsweise: Mein Vermieter
Ist durch mich Besitzgebieter.[1]

[1] *Der Mieter ist unmittelbarer Besitzer, der Vermieter mittelbarer Besitzer der Mieträume; andere Beispiele für Besitzverhältnisse i.S.d. § 868 BGB: Entleiher und Verleiher, Pächter und Verpächter.*

C. Eigentum

I. Allgemeines

1. Begriff

§ 903 BGB

Wer »Eigentum« an Sachen hat,
Verfahre nach Belieben,
So steht es auf Gesetzesblatt,
sofern nicht übertrieben:
Das Eigentum wird eingeschränkt
Durch Vorschrift, Rechte Dritter[1],
So Baumschutzrecht verdrängt
Das Recht der Baumbeschnitter[2].

[1] *Vgl. hierzu Erdel, S. 53:*
»Oft ist auch durch Dritter Rechte
Eigners Walten sehr beschränkt,
Ob Vertrag mit ihm sie brächte
Oder ob sie erbgeschenkt;
Insbesondere Dienstbarkeiten
Bringen Eignern manche Leiden.«

[2] *Obwohl man Eigentümer ist, darf man z.B. ohne Genehmigung keine Bäume im eigenen Garten fällen oder beschneiden, wenn sie durch kommunale Baumschutzsatzung geschützt sind, vgl. Günther, Rechtsprobleme des kommunalen Baumschutzes, jur. Dissertation, Köln 1993, S. 207 ff; s.a. Günther, Baumschutzrecht, München 1994.*

2. Beschränkungen der Eigentümerrechte

a) Immissionen

§§ 906–908 BGB

Der Schutz von Grundstückseigentümerrechten,
Soll die Umgebung nicht bloß knechten,
Nur wenn sie drohet mit Gefahren –
Dagegen kann man sich verwahren:
So Nachbarhaus mit Einsturzneigung,
Wenn »Anlage« bedingt Vertreibung.
Gleichwohl darf Nachbar vieles wagen,
So »Lärm« und »Ruß« hinübertragen,
Wenn solch ein »unwägbarer Stoff«,
Beeinträchtigt nicht allzu schroff.[1]

[1] *Beispiele für Beeinträchtigungen: Operettenmusik von städtischer Freilichtbühne, BGH LM Nr. 32; Sprengung, BGH NJW 1976, 979.*

b) Überhang

Wenn Zweige über Grenzen hängen, § 910 BGB
Und Wurzeln zu dem Nachbarn drängen,
Wird Umweltrechtlern ziemlich bang,
Gefährdet ist solch' Überhang:
Der Nachbar darf im Grundsatz schneiden,
Zugrunderichten Nachbars Weiden.

c) Hinüberfall

Wenn Obst auf Nachbargrundstück fällt, § 911 BGB
Wie es passiert gelegentlich,
Man hat kein Pflücken festgestellt,[1]
Der Nachbar ist auf Obst erpicht:
Das Eigentum fällt ihm dann zu,
Der »Frucht«-Verzehr erfolgt im Nu.

[1] *Pflücken und Schütteln ist aber widerrechtlich und stellt einen Diebstahl nach § 242 StGB dar – vgl. Jauernig, § 911 BGB Anm. 1.*

II. Eigentumserwerb an beweglichen Sachen

1. Vertraglicher Erwerb

a) Im Allgemeinen

Die Eigentumserwerbsverträge, § 929 BGB
Sie kommen nach Gesetz zuwege,
Erworben wird die neue Habe
Durch Einigung und Übergabe.[1]

[1] *Wenn sich die Sache schon vorher im Besitz des Erwerbers befand, reicht die Einigung für den Eigentumsübergang aus, vgl. § 929 S. 2 BGB.*

Als Ersatz der Übergabe §§ 930, 931
Gilt es, wenn Besitzabrede BGB
Dem Veräußerer die Habe
Dergestalt belassen täte,
Daß sie – mittelbar zugleich –
In Erwerbers Machtbereich.

Beispiel: Die verkaufte Sache
Darf Verkäufer noch verwalten
Gleichsam als des Käufers Wache
Oder als gelieh'n behalten;
Käufer hat dann – dies der Witz! –
Dadurch mittelbar Besitz;
Ferner läßt Ersatz sich bieten
Für der Übergabe Tat,
Ist die Sache selbst bei Dritten:
Nachricht, die der Dritte hat,
Von dem Übereignungsstreich,
Steht der Übergabe gleich.[1]

[1] *Gemeint ist hier der Fall des § 931 BGB, wo die Übergabe der Sache durch die Abtretung des Herausgabeanspruches gegen den Dritten ersetzt wird.*

b) Gutgläubiger Erwerb

§ 932 BGB
Wie gestaltet sich die Frage,
Ob man Eigentum erhält,
Tritt nach Übergab' zu Tage,
Daß beim Vormann es gefehlt?
Guter Glauben ist geschützt,
Den nicht grober Leichtsinn stützt.

§§ 812, 823 BGB
Wird so Käufers guter Glauben
Eigentümern rettungslos
Ihre Eignerrechte rauben:
Wie geschieht der Ausgleich bloß?
Aus Bereich'rung, aus Delikt
Haftet, wer das Recht geknickt.

§ 935 BGB
War die Sache weggekommen,
Zufall spielte mit hinein,
Oder Dieb hat sie genommen,
Schützt ein guter Glauben hier
Nichts als Geld und Wertpapier.[1]
Im übrigen nur solche Güter,
Die bei Versteig'rung man erlangt,
Wo ein amtsbefugter Hüter
Hat als Leitender geprangt;
Beispiel: wer ein Pfändungspfand
Ersteigert aus Vollstreckers Hand.

[1] *Vgl. dazu den Grundsatz des § 935 Abs. 1 S. 1 BGB:*
»Der Erwerb des Eigentums auf Grund der §§ 932 bis 934 BGB tritt nicht ein, wenn die Sache dem Eigentümer gestohlen worden, verlorengegangen oder sonst abhanden gekommen war.«

2. Originärer Erwerb

a) Ersitzung

Wer den Zeitraum von zehn Jahren Auf irgendeiner Sache »sitzt«,[1] Tat nicht umsonst sie so verwahren, Das Eigentum er so »stibitzt«; »Ersitzung« ist nur ausgeschlossen, Wenn guter Glauben nicht genossen.	§§ 937ff. BGB

[1] *Natürlich hier gemeint im rechtlichen Sinne als Eigenbesitz an einer Sache.*

b) Aneigung

Was war von sich aus herrenlos, Was vom Eigner preisgegeben, Mag jeder ohne Rechtsverstoß Zum Eigentume sich erheben, Wenn nicht verboten durch Gesetz,[1] Hat man nicht fremden Fisch im Netz.[2]	§§ 958–960 BGB

[1] *Vgl. z. B. § 20 d BNatschG (Allgemeiner Schutz wildlebender Tiere und Pflanzen).*
[2] *§ 958 BGB schützt die Rechte von Aneignungsberechtigten insoweit, als der Unberechtigte sich z.B. bei Verletzung von Fischereirechten oder Jagdrechten nicht die herrenlose Sache bzw. das herrenlose Tier aneignen kann.*

c) Fund

Was durch Fund dir zugekommen, Ist nicht gleich dein Eigentum, Dadurch, daß du ›es‹ mitgenommen: Wird es – Fundfrist noch nicht 'rum – Vom Verlierer rückbegehrt, Ist nur Finderlohn gewährt. Wenn halbes Jahr jedoch vergangen, Verlierer hat nicht reklamiert,	§§ 965, 971, 973 BGB

Dann wirst du Eigentum erlangen,
Hast du dich korrekt geführt:
So muß bei Wert über DM zehn,
Der Finder zur Behörde gehn.

III. Eigentumserwerb an Grundstücken

1. Grundbuchsystem

a) Buchungszwang (Grundbuch)

§§ 873, 875 BGB

Jedes Grundstück ist zu buchen
Wird ein Recht daran bestellt,
Ist ein Eintrag nachzusuchen;
Gleichfalls, wenn ein Recht entfällt[1].
Eh' der Bucheintrag gescheh'n,
Kann kein Rechtserwerb besteh'n.

[1] *Sog. »Löschung« eines Rechts im Grundbuch.*

b) Unrichtigkeit des Grundbuches

Öffentlicher Glauben

§§ 892–893 BGB

Wenn ein Grundbucheintrag nichtig,
Oder wenn ein Eintrag fehlt,
Gilt das Grundbuch doch als richtig
Dem, der gläubig darauf zählt,
Durch Vertrag ein Recht erreicht
Oder Grundstücksschuld begleicht.

Berichtigung, Widerspruch

§§ 894, 899 BGB

Wenn das Grundbuch gar nicht richtig,
Dann ist es besonders wichtig,
Daß der, dem ein Recht beschädigt,
Korrekturantrag bald tätigt,
Damit inzwischen nichts passiert,
Bis das Grundbuch korrigiert,
Sei schnell »Widerspruch« erklärt,
Notfalls vom Gericht gewährt.[1]

[1] *Durch »einstweilige Verfügung«.*

c) Vormerkung im Grundbuch

§§ 883–888 BGB

Wer auf Eintragungs-Erlangen
Anspruch gegen Eigner hat

Und geneigt, um ihn zu bangen,
Fände Eignerwechsel statt,
Wird verlangen ihn zu stärken,
Und im Grundbuch »vorzumerken«.

2. Auflassung

Beim Veräußerungsvertrage §§ 313, 925,
Fordert Grundstück strengste Form 873 BGB
Schon der Schuldgrund-Unterlage –
Kauf, Tausch, Schenkung – gilt die Norm,
Daß sie vor Notar zu regeln,
Soll der Abschluß gültig werden.
Auch der Übereignungswillen,
Sei erklärt nicht nur im Stillen:
Vorschrift will von beiden Teilen,
Auf genau dieselbe Stund',
Daß sie zum Notare eilen:
Übereignung tut der kund,
Durch des Protokolls Verfassen
Wird das Grundstück »aufgelassen«.
Wenn im Grundbuch eingetragen,
Kann Erwerber endlich sagen,
Bestätigt durch Notarjurist,
Daß er Grundstückseigner ist.

D. Dingliche Rechte an fremden Sachen

I. Erbbaurecht

Erbbaurecht erlaubt zu bauen
Auf der fremden Liegenschaft
Und auf Baubestand zu schauen,
Für die Zeit, da Recht in Kraft.[1]

[1] *Erbbaurechtsverordnung vom 15.1.1919 (RGBl. S. 72, 122/BGBl. III 403–6) zuletzt geändert durch Gesetz vom 8.6.1988 (BGBl. I 710) früher: §§ 1012–1017 BGB.*

II. Dienstbarkeiten

1. Persönliche Dienstbarkeiten

a) Nießbrauch

§§ 1030, 1068, 1085 BGB

Nutzungsrecht an allen Sachen
Kann durch »Nießbrauch« man vermachen,
Auch an Rechten kann er haften,
Besonders auch an Liegenschaften;
Ja, man kann auf sein Vermögen,
Das Recht zum Fruchtgenusse legen.

b) Beschränkte persönliche Dienstbarkeiten

§§ 1090, 1093 BGB

Nießbrauch kann man auch beschränken,
Damit läßt sich vieles lenken:
So ein Wohnrecht für Personen,
Die nicht gern' woanders wohnen.[1]

[1] *Häufig ist auch die Festlegung von Verboten – etwa die Dienstbarkeit für eine Gemeinde in der Gestalt, daß ein Eigentümer sein Grundstück nur zum Abstellen von Kraftfahrzeugen benutzen darf (BayObLG NJW 1965, 1484).*

2. Grunddienstbarkeiten

§§ 1018ff. BGB

Ein Grundstück kann dem andern dienen,
»Grunddienstbarkeit« wird dies genannt.
Beispiel: Wege-, Weiderechte
Mitgenuß der Brunnenschächte,
Häufig auf dem platten Land.

III. Reallasten

§§ 1105ff. BGB

Dienstbarkeit gebietet Dulden
Oder fordert Unterlassen,
Soll ein Grundstück Leistung schulden,
Muß man's durch »Reallast« fassen.

IV. Vorkaufsrecht

§§ 1094, 1098, 512 BGB

Grundstücksvorkaufsrechte binden,
Wenn im Grundbuch vorgemerkt,
Alle Käufer, die sich finden,

Da der Eintrag »dinglich« stärkt;[1]
Ausgenommen Zwangsverkauf
Durch Konkurs, Vollstreckungslauf.

[1] *Der Vorkaufsberechtigte kann also bei rechtzeitiger Vorkaufsrechtsausübung auch gegen den Dritten vorgehen und Herausgabe und ggf. Grundbuchüberschreibung des Grundstücks verlangen.*

V. Pfandrechte

1. An beweglichen Sachen

a) Entstehung

Um Mobilien zu verpfänden, §§ 1204–1206 BGB
Reiche sie zu fremden Händen,[1]
Einigung bringt hier das Band,
Gläubiger bekommt das Pfand;
Auch das mittelbar Besitzen,
Kann Verpfändung rechtlich stützen,[2]
Ferner reicht ein Mitgenuß,
Wenn gemeinsam in Verschluß
Ist die Pfandsache verwahrt,
»Übergabe« man so spart.

[1] *Das Pfandrecht an beweglichen Sachen ist also grundsätzlich nur als »Faustpfand« möglich – insofern muß der Gläubiger im wahrsten Sinne des Wortes das Pfand ausgehändigt bekommen.*
[2] *vgl. § 1205 Abs. 2 BGB: Übertragung des mittelbaren Besitzes auf den Pfandgläubiger.*

b) Ausübung

Will Gläubiger ein Pfand verkaufen, §§ 1228–1241, 1221 BGB
Muß die Ford'rung fällig sein,
Ist die Monatsfrist verlaufen,
Versteigerung folgt hinterdrein.[1]
Sie ist als solche öffentlich,
Durch den Erlös ermäßigt sich,
Die Forderung, der galt das Pfand
Es geht Verkauf zur freien Hand,
Wenn Börse, Markt bestimmt den Preis,
Bei Gold nicht immer, wie man weiß.

[1] *Vgl. dazu § 1237 BGB: Zeit und Ort der Versteigerung sind unter allgemeiner Bezeichnung des Pfandes öffentlich bekanntzumachen.*

c) Guter Glauben

§§ 1207, 932, 934–935 BGB

War es nicht der Eigentümer,
Welcher hat das Pfand gegeben,
Darf der Gläubiger doch immer,
Anspruch auf Verkauf erheben;[1]
Guter Glauben ist sein Wall,
Wie im Übereignungsfall.

[1] *Ausnahme: § 935 BGB*

§§ 1242–1244 BGB

Wer das Pfand durch Kauf empfangen,
Ist in diesem Sinn geschützt,
Braucht sich also nicht zu bangen,
Ob er rechtswirksam besitzt;
Außer, nahm der Pfandverkauf
Nicht korrekten Formverlauf.

d) Gesetzliche Pfandrechte

§§ 1257, 559, 704 BGB

Pfandgut als Gesetzesgabe
Ist für Wirt und für Vermieter,[1]
Schuldners eingebrachte Habe,
Beide sind nicht Samariter:
Wenn getrübt ist der Vertrag,
Schuldner nicht bezahlen mag –
Ärgerlich so ein Verlauf –
Hilft das Recht zum Pfandverkauf.

[1] *Siehe auch §§ 583, 592, 647, 704 BGB.*

2. Pfandrechte an Grundstücken

a) Arten

§§ 1113, 1115, 1191–1192, 1163, 1196 BGB

Liegenschaftsverpfändungsformen
Sind die Grundschuld, Hypothek.
Beide folgen gleichen Normen,
Nur bedingt der Grundschuld Zweck
Volle Freiheit von dem Band
Zwischen Forderung und Pfand.
Deshalb ist in Grundbuchs Spalten
Bei der Grundschuld festzuhalten,
Nur der Gläubiger, Betrag.
Pfandrecht ist besonders stark.
Bei der Hypothek dagegen

Zeigt das Grundbuch auch weswegen!
Grundschuld kann auf eig'nen Namen
Gleich der Eigner buchen lassen,
Schafft für später so den Rahmen
Durch Zession Kredit zu fassen;
Und wie läuft danach der Weg
Zu des Eigners Hypothek?
Wo die Ford'rung nie entstand,
Von Anfang an fehlt Schuldgrundband,
Oder wird die Schuld bezahlt,
Schuldner mit der Tilgung prahlt,
Dann fällt die Hypothek nicht weg,
Sie wird zur Eignerhypothek.

Ist das Pfandrecht buchgetätigt, §§ 1116–
»Hypothekenbrief« erteilt, 1117 BGB
So wird urkundlich bestätigt,
Schriftstück solchen Orts entstammt.
Will das Grundbuchamt man binden,
Daß den Brief es unterläßt,
Ist Vereinbarung vonnöten:
Grundbucheintrag legt sie fest.[1]

[1] *Nach § 1116 Abs. 2 S. 3 BGB ist zum Ausschluß der Brieferteilung die Einigung des Gläubigers und des Eigentümers erforderlich.*

Hypothek läßt sich so geben, §§ 1184–
Daß sie akzessorisch ist,[1] 1186 BGB
Schuldgrundfrei kann sie nicht leben,
Wirksamkeit man sonst vermißt:
»Sich'rungshypothek« genannt,
Ist Brieferteilung unbekannt.[2]

[1] *Bei der Sicherungshypothek liegt strenge Akzessorität vor, d. h. daß jeder Mangel der Forderung zugleich ein Mangel des dinglichen Rechts ist – dies hat zur Folge, daß die Sicherungshypothek regelmäßig zur Sicherung längerfristiger Kredite ungeeignet ist, vgl. Jauernig, Anm. zu §§ 1184, 1185 BGB, Anm. 1.*
[2] *Siehe § 1185 Abs. 1 BGB: »Bei der Sicherungshypothek ist die Erteilung des Hypothekenbriefes ausgeschlossen.«*

§ 1199 BGB Grundschuld läßt als Rentenwesen
– »Rentenschuld« – sich gültig sagen,
Falls das Recht, sie abzulösen
Und die Summe eingetragen.

b) Entstehung

§§ 873, 1115 BGB Grundstückspfandrecht wird begründet
So wie man es öfter findet:
Einigung und Grundbuchsiegel
Gibt dem Vorgang rechtlich Flügel;
Form der Einigung ist frei.
Doch nur, wenn Notar dabei,
Der die Sache tat bekunden,[1]
Ist vor Eintrag man gebunden.

[1] *Im Sinne einer Beurkundung der entsprechenden Willenserklärungen.*

c) Gegenstand des Grundstückspfandrechts

§§ 1120 ff. BGB Im Gesetz man hat entdeckt,
Hypothek sich auch erstreckt
Auf Erzeugnis, Zubehör,
Auch Bestandteil zählt hierher.[1]

[1] *Die Erstreckung der hypothekarischen Haftung auf Erzeugnisse, sonstige Bestandteile und Zubehör gilt nur im Grundsatz – es gibt eine Reihe von Enthaftungstatbeständen, vgl. §§ 1121–1122 BGB.*

d) Rang

§§ 879–880 BGB Wenn für mehrere Personen
Gleiches Grundstück pfandgesetzt:
Welche wird als erste thronen,
Welche kommt im Recht zuletzt?
Allein die Grundbuch-Ziffer zeigt
Den Rang – zunächst nach Eintragszeit.
Freilich läßt der Rang sich schieben
Rangrücktritte stehen frei
Nach der Tauschenden Belieben –
Nur sei Eigners »Ja« dabei;

Grundbuch darf jedoch nicht schweigen,
Muß die Rangveränd'rung zeigen.

e) Abtretung

Willst Du Grundschuld, Hypothek zedieren — §§ 1153–1155 BGB
Gilt: im Grundbuch überschreiben;
Nur falls »Briefe« existieren,
Kann der Eintrag unterbleiben:
Übergabe dann genügt,
Wenn ein Schriftakt beigefügt.

f) Gutgläubiger Erwerb

Fehlt's zedierten Hypotheken — §§ 1138, 891, 1185 BGB
An den Schuldgrund-Unterlagen,
Ford'rung blieb im Keime stecken,
Ist getilgt, ja wettgeschlagen:
Kümmert dies den Zessionar,
Der dabei im Irrtum war?
Nein! Ins Grundstück zu vollstrecken,
Stellt ihm Grundbuchs Glauben frei;
Bei der Sich'rungshypothek
Gilt jedoch ein anderer Weg –
Gläubiger wird nicht euphorisch,
Da sie sehr streng akzessorisch.[1]

[1] *Bei der Sicherungshypothek ist jeder Mangel der Forderung zugleich ein Mangel des dinglichen Rechts, was »strenge Akzessorietät« genannt wird.*

Daß die Darlehenshypotheken — § 1139 BGB
Erst ins Grundbuch einzutragen,
Wenn sich Geldmanns Beutel regen,
Scheint für Eigner großes Wagen,
Da Gefahr, sie wird zediert,
Eh' das Darlehn ausgeführt.
»Briefe« gibt man dessentwegen
Zug um Zug nur aus der Hand;
Bei den Sich'rungshypotheken
Schützt das strenge Schuldgrundband;
Bei der Buchtyp-Hypothek
Sperrt ein Widerspruch den Weg.

g) Wirkung

§§ 1147–1148 BGB; §§ 794 Ziff. 5, 800 ZPO

Pfandverwertungsart ist immer:
In das Grundstück zwangsvollstrecken.
Klage gegen Eigentümer
Muß Vollstreckungstitel wecken,
Außer wo vorausgeklärt –
Notariell ! –, er sei gewährt.[1]
Statt der »Hypothekenklage«
Tut's die Ford'rungsklage schon,
Wenn – so ist ja meist die Lage –
Eigner auch die Schuldperson.[2]

[1] *Vgl. § 794 Ziff. 5 ZPO.*
[2] *Vgl. Jauernig, vor § 1113 BGB Anm. IV. 2: »Der Gläubiger kann bei Identität von Eigentümer und persönlichem Schuldner wegen der Forderung in das gesamte Schuldnervermögen vollstrecken, auch in das hypothekarisch gesicherte Grundstück.«*

§§ 1123–1124 BGB

Statt ins Grundstück selber, können
Grundstückspfandrechts-Gläubiger
Auch in das sich Zugriff gönnen,
Was noch haftet nebenher:
Früchte, Miete, Pacht zum Pfänden –
Nicht auch Zubehör verwenden![1]

[1] *§ 865 Abs. 2 ZPO verbietet die gesonderte Vollstreckung in Grundstückszubehör.*

h) Eigentümerhypothek

§§ 1163, 1177, 1196, 1197 BGB

Grundstückspfandrecht wird nicht enden,
Wenn die Forderung entfällt,
Vielmehr sich dem Eigner spenden,
Der das Pfandrecht so erhält
An der eig'nen Liegenschaft,
Aber ohne Zugriffskraft.[1]
Gleiches wird man dann erleben,
Wenn die Ford'rung nicht entstand,
Und, wo »Briefe« ausgegeben,
So sie noch in Eigners Hand.

[1] *Nach § 1197 BGB ist es dem Eigentümer, der sein eigener Grundschuldgläubiger ist, verwehrt, die Zwangsvollstreckung*

in das eigene Grundstück zu betreiben; die Vorschrift soll eine Schädigung nachstehender Berechtigter verhüten, wie sie ansonsten im Erlöschen ihrer Rechte bestehen könnte (vgl. §§ 52, 91 ZVG).

Zweck der Eignerhypotheken? § 1179 BGB[3]
Eigner wird sie stehen lassen,
Um Kredit damit zu decken,
Will erneut er solchen fassen;
Dem, der neu ihm kreditiert,
Wird die Hypothek zediert.
Freilich: Jeder, dem's versprochen,[1]
Daß zur Löschung sie zu bringen,
Kann darauf gerichtlich pochen,
Auch die »Vormerkung« erzwingen,
Die im Grundbuch dieses Recht
Dinglich ihm zum Ausdruck brächt'.[2]

[1] *Etwa nachstehende Hypothekeninhaber, die im Falle der Löschung mit ihren Hypotheken im Rang aufrücken.*
[2] *Die Auswirkungen der Löschungsvormerkung auf Verfügungen über die Hypothek sind sehr umstritten, vgl. dazu RGZ 93, 117 und Münchener Kommentar, § 1179 BGB, Anm. 34 m.w.N.*
[3] *Siehe auch §§ 1179 a und 1179 b BGB.*

i) Gesamthypothek

Sind es mehr're Liegenschaften, §§ 1132, 1181 BGB[1]
Die bestellt als Unterpfand,
Muß ein jedes Grundstück haften
Für der ganzen Schuld Bestand.
Alle löst's, wird eins vollstreckt
Und daraus die Schuld gedeckt.

[1] *Für die Gesamthypothek gibt es weitere besondere Vorschriften: § 1143 Abs. 2, 1172–1176, 1181 Abs. 2, 1182 BGB.*

3. Pfandrecht an Rechten

a) Entstehung

Läßt man Ford'rung sich verpfänden, § 1280 BGB
Soll man Schuldner unterrichten,

Anzeige zu seinen Händen –
Sonst gilt Pfandrecht hier mitnichten![1]

[1] *Eine Ausnahme gilt dann, wenn Schuldner und Pfandgläubiger identisch sind, weil in diesem Fall der Schuldnerschutzgedanke zurücktritt (vgl. BGHZ 93, 76).*

§§ 1292–1293 BGB

Wechsel muß man indossieren,
Wie im Übereignungsfall.
Bei den Inhaberpapieren
Gilt auch hier, wie jedesmal,
Daß genau es so zu machen,
Wie wenn's körperliche Sachen.

§§ 1273, 1274 BGB

Um andre Rechte zu verpfänden,
Braucht man, wie bei der Zession,
Keine Formen aufzuwenden;
Mund zu Mund, das tut es schon.
Beispielsweise: »Ich verpfänd'
Warenzeichenschutz, Patent.«

§§ 1154, 1274 BGB

Grundschuld, Hypothek benötigt
Zur Verpfändung Grundbuchs Wort.
Nur, sofern ein »Brief« getätigt,
Fällt der Zwang zur Buchung fort:
Briefes Übergab' genügt,
Ist Verpfändung schriftgefügt.

b) Ausübung

§§ 1281–1282 BGB

Ford'rung, die mir pfandgegeben,
Darf ich, wenn sie fällig ward',
Bei den Drittschuldner erheben;
Vorher ist mir's nicht erspart,
Daß mir jener nur an beid'
Mich und Gläub'ger zahlbereit.[1]

[1] *Vor der Pfandreife nach § 1228 BGB kann der Schuldner zum Zwecke der Erfüllung nur an Pfandgläubiger und Schuldner gemeinschaftlich leisten (vgl. dazu BGHZ 5, 253)*

Wechsel kann man einkassieren §§1294,1293,
Nach der Wechselschuld Ablauf. 1277 BGB
Bei den Inhaberpapieren
Gilt als Zugriff Pfandverkauf.
Sonst vollzieht sich Gläub'gers Deckung
Nur im Weg der Zwangsvollstreckung.

Er ist der größte Beschützer der Witwen und Waisen – außer wenn er Witwen und Waisen anklagt – …

Viertes Buch: Familienrecht

A. Die Ehe

I. Ehepersonenrecht

1. Ehefähigkeit

Im Eherecht gilt kurz und bündig: § 1353
Mit 18 ist man heiratsmündig. BGB,
Die Regel bricht nur ein Gericht, § 1 Ehe-
Falls es keine Zweifel sieht, gesetz
Wenn man schon mit 16 Jahren,
Will zur eig'nen Hochzeit fahren.[1]

[1] *Nach § 1 des Ehegesetzes muß aber immer mindestens ein Ehegatte volljährig, also 18 Jahre alt sein; siehe zur Ehe die plakative strafrechtliche Definition von Oscar Wilde: »Gegenseitige Freiheitsberaubung im beiderseitigen Einvernehmen«.*

2. Verlobung

Der Ehe geht voraus zumeist §§ 1297–
Die Bindung, die Verlobung heißt. 1302 BGB[2]
Sie ist an keine Form geknüpft.
Die Wirkung, wenn man ihr entschlüpft?
Es kann dem andern nicht gelingen,
Die Ehe selber zu erzwingen;
Wohl aber – bricht man ohne Grund –
Den Schaden, welcher ihm entstund'.
Erfolgt der Bruch aus wicht'gen Gründen,
Die in des andern Schuld zu finden,[1]
So ist der Anspruch umgekehrt
Dem Rücktrittnehmer selbst gewährt.
Ein jeder, nicht bloß der Gekränkte,
Kann rückbegehren das Geschenkte,
Sobald sich die Verlobung trennt,
Es brächte denn der Tod das End',
Was so an Rechtsansprüchen frei,
Verjährt bereits in Jahren zwei.

[1] *Vgl. dazu Palandt, § 1298 BGB, Rn. 9 »Bruch der Verlöbnistreue; Lieblosigkeiten, die ernstliche Zweifel an einer späteren ehelichen Gesinnung aufkommen lassen.«*

[2] *Zum sog. Kranzgeld vgl. § 1300 Abs. 1 BGB:*
»Hat eine unbescholtene Verlobte ihrem Verlobten die Beiwohnung gestattet, so kann sie, wenn die Voraussetzungen des § 1298 oder des § 1299 vorliegen, auch wegen des Schadens, der nicht Vermögensschaden ist, eine billige Entschädigung in Geld verlangen.«; die Vorschrift dürfte allerdings verfassungswidrig sein, vgl. AG Münster NJW 1993, 1720 und BVerfG, Beschl. vom 5.2.1993, 1 BvR 39/93.

3. Eheschließung

§ 11 Ehegesetz[1]

Der Ehebund ist ein Vertrag
Für Fall, daß man sich mag.
Er ist persönlich abzuschließen,
Muß Amtes Segen auch genießen,
Wo – unbedingt zur selben Frist –
Das Ja-Wort abzugeben ist.

[1] *Vgl. in dem Zusammenhang auch die Nichtigkeits- und Aufhebungsvorschriften im Ehegesetz, §§ 16–21 EheG und §§ 28–34 Ehegesetz; geradezu sinnig sind die §§ 31 und 32 Ehegesetz:*
§ 31. Irrtum über die Eheschließung oder über die Person des anderen Ehegatten. Ein Ehegatte kann Aufhebung der Ehe begehren, wenn er bei der Eheschließung nicht gewußt hat, daß es sich um eine Eheschließung handelt, oder wenn er dies zwar gewußt hat, aber eine Erklärung, die Ehe eingehen zu wollen, nicht hat abgeben wollen. Das gleiche gilt, wenn der Ehegatte sich in der Person des anderen Ehegatten geirrt hat.
§ 32. Irrtum über die persönlichen Eigenschaften des anderen Ehegatten. Ein Ehegatte kann Aufhebung der Ehe begehren, wenn er sich bei der Eheschließung über solche persönlichen Eigenschaften des anderen Ehegatten geirrt hat, die ihn bei Kenntnis der Sachlage und bei verständiger Würdigung des Wesens der Ehe von der Eingehung der Ehe abgehalten haben würden.

4. Ehegemeinschaft/Scheidung

a) Herstellung und Ende

§§ 1353, 1564–1566 BGB

Die Ehe schließt man stets für immer.
Zusammenleben ist Kür und Pflicht,[1]
Genießt der eine solches nimmer
Hilft manchmal nur noch das Gericht.
Es gibt die fortgesetzte Meidung

Nach Jahresfrist das Recht zur Scheidung.
»Zerrüttung« wird's genannt,
Das Scheitern nun gerichtsbekannt.
Wenn Scheidungsantrag in der Welt,[2]
Das Scheidungsurteil wird gefällt.

[1] *Nach der entschieden abzulehnenden Rechtsprechung des BGH zu § 1353 BGB ist eine Ehefrau nicht nur zum einfachen ehelichen Verkehr verpflichtet, sondern sogar zur erotischen Extase bzw. zur Vermittlung des Eindrucks einer solchen, vgl. BGH NJW 1967, 1079: »Die Frau genügt ihren ehelichen Pflichten nicht schon damit, daß sie die Beiwohnung teilnahmslos geschehen läßt.« Vgl. i.ü. Art. 202 EGBGB: Trennung von Tisch und Bett.*
[2] *Es gibt aber auch Härteklauseln, wonach eine Ehe trotz ihres Scheiterns nicht geschieden werden soll, vgl. § 1568 BGB.*

b) Familiennamen

Das Namensrecht ist kompliziert, § 1355 BGB
Weil jeder gern den eig'nen führt.
Gesetzlich wird es neu geregelt,[1]
Gelobt sei, wer gemeinsam segelt
Und trifft zusammen seine Wahl,
Daß Ehename Lust, nicht Qual!
Wenn aber Einigung mißlingt?
Gesetz mit Namensfreiheit winkt,
Gleiches Recht für Frau und Mann[2]
Zu vielen Namen führen kann.

[1] *Die Einzelheiten sind der Neufassung des § 1355 BGB zu entnehmen, BGBl. I, S. 2054, Gesetz zur Neuordnung des Familiennamensrechts vom 16.12.1993.*
[2] *Siehe dazu die Entscheidung des BVerfG NJW 1991, 1604.*

c) Haushaltsführung und Erwerbstätigkeit

Die Haushaltsführung ist zu regeln, § 1356 BGB
Gesetz zielt hier auf Einvernehmen.[1]
Ist sie dem Gatten überlassen,
Von Weisung ist er zu entlassen.
Auch der Erwerb ist Recht von beiden,
Dabei ist Schaden zu vermeiden,
Familienrücksicht ist Gebot,
Dann ist die Sache hier im Lot.[2]

[1] *Der traditionellen Hausfrauenehe wird damit bewußt eine Absage erteilt; anders noch Erdel, S. 74:*
»Dem Mann gebührt die Oberleitung
Im Eheleben: die Entscheidung
Bei allen Meinungsdifferenzen.
Die Gattin darf im Haushalt glänzen.«
[2] *§ 1356 BGB stellt insoweit das Recht beider Ehegatten auf eine Berufstätigkeit unter die Schranke der Familienverträglichkeit.*

d) Geschäfte zur Deckung des Lebensbedarfes

§ 1357 BGB Ein Ehegatte hat das Recht,
Es geht dabei nicht nach Geschlecht,
Bei Rechtsgeschäften zu vertreten,
Wenn sie für Haushaltskreis vonnöten;
Entziehung dieser »Schlüsselmacht«
Ist allerdings dann angebracht,
Wenn Partner Mißbrauch treibt;
Sein Recht zur Prüfung bleibt:
Er kann zum Vormundschaftsgericht,
Falls Unrecht er drin sieht.
Entziehung wirkt nach außen nur,
Falls Dritter wirklich sie erfuhr.

e) Unterhaltspflicht

§ 1360 BGB[1] Mit eig'ner Arbeit und Vermögen,
Ist die Familie zu verpflegen,
Dies gilt zugleich für Frau und Mann.
Ein jeder tue, was er kann.
Ist einem Haushalt überlassen,
Gesetz will dieses so erfassen:
Die Pflicht zum Unterhalt erfüllt,
Wer ist zu Hausarbeit gewillt.

[1] *Vgl. zum Umfang der Unterhaltspflicht im einzelnen: §§ 1360 a und 1360 b BGB.*

f) Unterhalt bei Getrenntleben

§ 1361 BGB Wenn Ehe vor dem Scheitern steht,
Man Trennung nur als Lösung sieht,
Besteht die Pflicht zum Unterhalt.
Ein jeder nach Verhältnis zahlt.

II. Ehegüterrecht

1. Allgemeines

Die Frage ist, ob durch die Ehe
Dem Ehemann ein Recht entstehe
Am Gut der Frau und umgekehrt;
Es ist den Gatten nicht verwehrt –
So die Gesetzeslage –,
Zu regeln solches Güterrecht,
In einem Eh'vertrage.
Jedoch gilt strenge Form:
Notareinschaltung ist die Norm.

§§ 1408ff., 1410 BGB

2. Gesetzlicher Güterstand

a) Zugewinngemeinschaft

Wenn keine Abmachung getroffen,
Darf keiner von den Gatten hoffen,
Daß ihre Güter sich vermischen.
Es liegt ein Trennungsstrich dazwischen:
Ein jeder hat noch sein Vermögen,
Was vor und während der Ehe sie bezogen –[1]
Man spricht von »Zugewinngemeinschaft«.
Bei Scheidung folgt oft arge Feindschaft,
Was man zur Ehezeit erzielt,
Wird dann geteilt, Gesetz befiehlt.[2]

§ 1363ff. BGB

[1] *Bei der Vermögensverwaltung gibt es aber nach den §§ 1365–1369 BGB gewisse Einschränkungen; vgl. im übrigen zu § 1365 BGB den schon vom Titel her wunderbaren Aufsatz von Sandrock: »Die Zähmung des widerspenstigen § 1365 Abs. 1 BGB«, in Festschrift für Bosch, S. 841ff.*

[2] *Um den Zugewinn zu ermitteln, erfolgt eine Wertermittlung des Anfangs- und Endvermögens, vgl. i.E. die §§ 1373ff. BGB.*

b) Vermögensverwaltung

Ein jeder Ehegatte,
So die Gesetzgestaltung,
Hat für sein Vermögen
Selbständig die Verwaltung;
Im Ganzen zu verfügen,
Ist aber untersagt,

§§ 1364, 1365 BGB

Es sei denn, es gibt »Zustimmung«,
So man den Gatten fragt;
Wenn er sagt »Nein, ich will es nicht«,
Sie wird ersetzt durch das Gericht,
Falls Wandel im Vermögen
Bringt wirtschaftlichen Segen.

3. Vertragsmäßiges Güterrecht

a) Gütertrennung

§ 1414 BGB

Vertraglich kann man Güter trennen,
Für immer so sein eigen nennen.

b) Gütergemeinschaft

§§ 1415ff., 1450–1470, 1422–1449 BGB

Vertraglich kann man's auch so regeln,
Daß nur gemeinsam Güter segeln –[1]
»Gesamtgut« wird Gesamtvermögen,[2]
Gemeinsam gilt es dies zu pflegen,
Falls man nicht wählt Vertragsgestaltung,
Daß ganz allein obliegt Verwaltung
Der Frau, vielleicht dem Mann,
Weil einer es gar trefflich kann.

[1] *Die Gütergemeinschaft kann auch in der Gestalt vereinbart werden, daß sie nach dem Tode eines Ehegatten zwischen dem überlebenden Ehegatten und den gemeinschaftlichen Abkömmlingen fortgesetzt wird – es handelt sich dann um eine sog. fortgesetzte Gütergemeinschaft nach den §§ 1483ff. BGB.*

[2] *Vom Gesamtgut ausgeschlossen sind das sog. Sondergut und das Vorbehaltsgut nach den §§ 1417 und 1418 BGB.*

c) Auseinandersetzung des Gesamtgutes

§§ 1471, 1474ff. BGB

Wie steht es mit Gesamtvermögen,
Wenn nach dem Ende Gatten streben?
Wird eine Aufhebung bestimmt,
Gesetz auf eine Lösung sinnt:
Der selbstgewählten Gutvernetzung,
Folgt dann die Auseinandersetzung.
Hat man die Schulden erst geheilt,
Dann wird der Überschuß geteilt.

4. Güterrechtsregister

Auf Antrag beider Ehegatten §§ 1558, 1560, 1561, 1357 Abs. 2 BGB
Wird amtsgerichtlich registriert,
Vertrag, den sie vereinbart haben,
Im Buch zum Güterrecht geführt.[1]
Wenn einer nur den Antrag stellt,
Kommt dann ein Eintrag in die Welt?
Gesetz bestimmt in solchen Fällen:
Auch einer kann den Antrag stellen!
Im gleichen Sinn ist einzutragen,
Will man dem Gatten untersagen,
Das Führen von Erwerbsgeschäften,
Sowie das Schlüsselmacht-Entkräften.
Durch Eintrag wird gesetzfingiert:
Ein Dritter gilt als informiert.[2]

[1] *Insoweit besteht allerdings auch ein selbständiges Antragsrecht für jeden Ehegatten, vgl. i.e. § 1561 Abs. 2 Nr. 1 BGB.*
[2] *Ist z.B. die Schlüsselgewalt über einen Eintrag im Güterrechtsregister für den Ehegatten A ausgeschlossen, kann ein Dritter grundsätzlich nicht aus § 1357 BGB mit Erfolg den Ehegatten B in Anspruch nehmen – vgl. § 1357 Abs. 2 BGB i.V.m. § 1412 BGB.*

B. Die Verwandtschaft

1. Grad der Verwandtschaft

In welchem Grade du verwandt § 1589 BGB
Mit andern, rechne an der Hand
Der Zeugungen, Geburten Zahl,
Die euch verbinden, jedesmal.[1]

[1] *Geschwister sind also im zweiten Grad verwandt; ebenso Großeltern und Enkel – Onkel (Tante) und Neffe (Nichte) sind dagegen im dritten Grad verwandt, Geschwisterkinder untereinander im vierten Grad.*

2. Schwägerschaft

Verwandtschaft kommt auch durch die Ehe, § 1590 BGB
Die »Schwägerschaft« begründet Nähe,
Sie endet nicht mit Ehescheidung,
Verwandtschaft bleibt als Überschneidung.

3. Bedeutung der Verwandtschaft

§§ 1924ff., 1601ff. BGB

Verwandte wird man, wenn sie sterben,
Gegeb'nenfalls einmal beerben.
Man schuldet ihnen Unterhalt,
Sofern sie von der Not umkrallt:
Doch nur geraden Stamms Verwandte,
Nicht Bruder, Schwester, Onkel, Tante.

4. Eheliche Abstammung

§§ 1591, 1592, 1599 BGB

Wann gilt ein Kind als ehelich?
Zunächst ist es erforderlich,
Daß die Geburt nach Heirat kommt,
Und Ehemann hat beigewohnt
Der Ehefrau in einer Zeit,
Wo sie zur Schwangerschaft bereit;[1]
Vermutet wird die Vaterschaft,
Gesetz schließt auf des Mannes Kraft.
Die Abstammung wird nicht fingiert,
Wenn Ehefrau ein Kind gebiert,
Wo es gewiß nicht stimmen kann,
Daß Vater ist der Ehemann.[2]
Doch muß er, um dies festzustellen,
Gerichtlich einen Antrag stellen;
Die Anfechtung erfolgt durch Klage,
Geklärt wird so die Kindschaftsfrage.

[1] *Als Beispiel deutscher Gründlichkeit und unseres hohen gesetzestechnischen Niveaus kann die zu § 1592 BGB vorliegende »Gesetzestabelle zur Berechnung der Empfängniszeit« gelten, in der z.B. auch Schaltjahre berücksichtigt sind.*
[2] *Vgl. dazu Palandt, § 1591 BGB Rn. 5:*
»Nicht ausreichend sind Nachweis des Gebrauchs empfängnisverhütender Mittel, coitus interruptus, jahrelange Kinderlosigkeit bei dauerndem Geschlechtsverkehr«.

5. Nichteheliche Abstammung[1]

§§ 1600 a, 1600 b BGB

Wo Kind stammt nicht aus einer Ehe,
Wie stellt man fest die Vaterschaft?
Wenn solche wird nicht anerkannt,
Gericht nach dem Erzeuger sehe;
Als Vater wird dort festgestellt

Der Mann, der Kind gezeuget hat.
Das Kind, das nun in dieser Welt,
Gilt als verwandt im 1. Grad.

[1] *Erdel drückt sich auf der Basis der damaligen Diskriminierung nichtehelicher Kinder aus heutiger Sicht äußerst drastisch aus, S. 85:*
»Zur Mutter selbst und ihren Leuten
Wird's keinen Unterschied bedeuten,
Ob ehelich, ob Bastardkind.
Mit ihrem Vater aber sind
Die Bastardkinder nicht verwandt,
Auch solche nicht, die ›anerkannt‹.«

C. Rechtsverhältnisse zwischen Eltern und Kind

1. Rechte und Pflichten

Für Kinder müssen Eltern sorgen, §§ 1626–
Es ist das Recht, es ist die Pflicht, 1628, 1631–
Das Wohl des Kindes jetzt und morgen, 1631 a,
Hintanstellen darf man es nicht. 1664, 1667
Die Eltern müssen Kinder pflegen, BGB
Erziehen zur Persönlichkeit,
Hierbei nach Einvernehmen streben,
Ansonsten folgt Gerichtsentscheid.[1]
Die Sorge gilt auch dem Vermögen,
Wenn Kinder haben schon Besitz,
Verwaltung bringe Zinsessegen,[2]
Denn sonst kommt schnell fast wie der Blitz,
Ein Richterspruch ob der Gefahr,
Wenn mangelhaft Verwaltung war.
Als Haftungsmaßstab gelte hier,
Die Vorschrift in Eins-sechs-sechs-vier.

[1] *Im Falle mangelnder Einigung zwischen den Eltern in einer einzelnen Angelegenheit oder in einer bestimmten Art von Angelegenheiten der elterlichen Sorge, deren Regelung für das Kind von erheblicher Bedeutung ist, entscheidet auf Antrag das Vormundschaftsgericht, § 1628 BGB.*
[2] *Vgl. § 1642 BGB.*

2. Vertretung des Kindes durch die Eltern

§§ 1629, 1795, 181 BGB

Bei Rechtsgeschäften ist vonnöten,
Daß Eltern eig'nes Kind vertreten,
Die Eltern, so sie willens sind,
Erklären Absicht für das Kind.
Nur mit sich selbst geht kein Vertrag,
»Kollisionsgefahr« droht arg!

3. Elterliche Sorge für nichteheliche Kinder

a) Elterliche Sorge der Mutter

§§ 1705–1709 BGB

Wenn Kinder nicht aus Ehe stammen,
Die Mutter hat um Wohl zu bangen.
Sie trägt die »Sorge«, trägt die Last,
Oft »Pflegschaft« diesen Fall erfaßt;
Das Jugendamt, es geht zur Tat,
Ist für das Kind der Advokat;
Doch solche Pflegschaft gibt es nicht,
Wenn anderes bestimmt Gericht.

b) Legitimation nichtehelicher Kinder

§§ 1719–1722 BGB

Wie wird ein Kind legitimiert?
Durch Heirat läuft es wie geschmiert!

c) Ehelicherklärung

§§ 1723–1739 BGB

Wo Eltern Ehe nicht beschließen,
Kann Kind das »ehelich« genießen,
Falls Vater einen Antrag stellt:[1]
Gerichtsentscheidung in der Welt,
Die Kind für »ehelich« erklärt,
Die Mutter hat sich nicht gewehrt,
Und auch die Ehefrau, das Kind,
Erklärten Zustimmung geschwind.

[1] *Der Antrag bedarf ebenso der notariellen Beurkundung, wie die Einwilligung der sonstigen Beteiligten, vgl. §§ 1730, 1726 BGB; siehe i.ü. die §§ 1740 a – 1740 g BGB – diese Vorschriften ermöglichen die Ehelicherklärung von sog. »Brautkindern«, deren Legitimation durch Ehe infolge des Todes eines Elternteiles nicht stattfinden konnte (zitiert nach Jauernig, Anm. 1 zu §§ 1740 a ff. BGB).*

4. Annahme Minderjähriger

Nicht selten kriegt man Tochter, Sohn — §§ 1741ff. BGB
Gerade auch durch Adoption;
Mit fünfundzwanzig Jahren,
Kann man ein Kind annehmen:
Zum Wohl des Kindes muß sie sein,
Die Annahme zu zweit, allein,
Ein Antrag ging an das Gericht,
Einwilligung vom Kind fehlt nicht.

5. Annahme Volljähriger

Auch jemand, der ist voll an Jahren, — §§ 1767ff. BGB
Den kann man adoptieren,
Falls Sitten nicht dagegen waren,
Das »Kind« sich so gerieren.[1]

[1] *Die starke Wirkung wie bei der Minderjährigenadoption ist allerdings nach § 1772 BGB nur aufgrund einer Anordnung des Vormundschaftsgerichtes möglich.*

D. Die Vormundschaft

1. Voraussetzungen

Bei allen Vormundschaftsgerichten — §§ 1773–1777, 1782 BGB
Gilt Vormünder es zu verpflichten,
Denn Kindern tut ein Vormund not,
Wenn beide Elternteile tot.
Der Vormund hat auch einen Wert,
Wenn Elternrechte sind gesperrt.[1]
In diesem Fall, man muß es kennen,
Die Eltern dürfen Vormund nennen.[2]

[1] *Vgl. Jauernig, § 1773 BGB Anm. 1.*
[2] *Ausnahmen sind in den §§ 1778, 1779 BGB geregelt.*

2. Der Vormund

a) Bestellung

Geschäftsfähig muß Vormund sein, — §§ 1780–1781, 1785–1791 BGB
Gericht tritt in die Prüfung ein,
Ansonsten kommt man in Betracht,

Wenn man Konkurse nicht gemacht;
Desweiteren sei man voll an Jahren,
So will es Vormundschaftsverfahren.[1]
Ist man zum Vormund dann bestellt,[2]
So droht bei Weig'rung Zwangesgeld.
Es sei denn es gibt Gründe,
Bei denen man's verstünde,
Wie Sorgerecht für viele Kinder,
Oder man ist gänzlich Blinder.[3]

[1] *Falls keine als Einzelvormund geeignete Person vorhanden ist, kann das Jugendamt zum Amtsvormund bestellt werden.*
[2] *Die Bestellung erfolgt nach den §§ 1789–1791 BGB, also in Form der »Verpflichtung mittels Handschlag an Eides Statt« und Übergabe der sog. »Bestallungsurkunde«.*
[3] *Hier handelt es sich um die beispielhaft herangezogenen Ablehnungsrechte nach § 1786 Abs. Ziff. 1 und 4 BGB.*

b) Aufgaben

§§ 1793, 1626 Abs. 2, 1806 BGB

Bei Rechtsgeschäften ist vonnöten,
Daß Vormund Mündel kann vertreten,
Drum ist gesetzlich auch bestimmt,
Der Vormund dieses übernimmt.
Er hat das Recht und auch die Pflicht,
Für Mündel gut zu sorgen,
Für das Vermögen gilt was andres nicht,
Er soll Geld gut verborgen.

c) Grenzen der Vertretungsmacht

§§ 1793–1843 BGB

Die Grenzen der Vertretungsmacht,
Sind beim Vormund streng geregelt,[1]
Gerichtlich wird es überwacht,
Daß Mündel nicht in Abgrund segelt:
Grundstücksgeschäfte sind so wichtig,
Daß ohne Richters »Ja« sie nichtig.[2]
Auch muß er sich hinzugesellen,
In einer Zahl von andern Fällen,[3]
Vermögensschutz wird großgeschrieben,
Die Rechnungslegung streng betrieben.
Auch »Gegenvormund« dient Kontrolle,
Die Aufsicht ist auch seine Rolle.

[1] Vgl. z.B. §§ 1795, 1796, 1804, 1805, 1821, 1822, 1823 BGB
[2] Nach § 1821 BGB entscheidet bei Grundstücksgeschäften das Vormundschaftsgericht – teilweise sind die Aufgaben dem Rechtspfleger übertragen, vgl. § 3 RPflG.
[3] Vgl. etwa die Auflistung in § 1822 BGB.

d) Haftung des Vormunds

Wenn Vormund richtet Schaden an, § 1833 BGB
Und ihn trifft ein Verschulden,
Dann ist er mit der Haftung dran,
Muß Schadenszahlung dulden:
Dem Mündel solches Geld gebührt,
Wenn ihm der Schaden zugefügt.

e) Ersatz von Aufwendungen

Was Vormund aufzuwenden hatte, §§ 1835,
Ob es konkret, ob es pauschal, 1836 a BGB
Das Mündel ihm an Geld erstatte,
Den Anspruch gibt es allemal;
Ist Mündel aber mittellos,
Gibt es vom Staat das Moos.

f) Vergütung des Vormunds

Der Vormund fühle sich geehrt, § 1836 BGB
Vergütung wird ihm nicht gewährt;
Nur falls besondere Gründe,
Der Vormund Löhnung finde:
Wenn das Gericht ist willig
Und sieht Entgelt als billig.[1]

[1] Siehe aber auch den durch das Betreuungsgesetz eingeführten § 1836 Abs. 2 BGB, wonach eine Vergütung in jedem Fall zu bewilligen ist, wenn »jemandem Vormundschaften in einem solchen Umfang übertragen werden, daß er sie nur im Rahmen seiner Berufsausübung führen kann«.

g) Befreite Vormundschaft

Oft, wenn der Eltern Testament §§ 1852ff.
Den Kindern einen Vormund nennt, BGB
Entbinden sie zu gleicher Zeit,
Sein Amt von mancher Lästigkeit.

Sie können ungehindert streichen:
Den Gegenvormund und desgleichen,
Die Zwischenrechnungslegungspflicht,
Die Schlußrechnung dagegen nicht.

h) Beendigung der Vormundschaft

§§ 1882, 1884, 1886 BGB

Wann geht die Vormundschaft zu Ende?
So, wenn den Tod das Mündel fände,
Wenn Voraussetzungen fallen weg,
So daß für Vormund fehlt der Zweck.
Ansonsten Vormund wird entlassen,
Wenn er hat Pflichten ausgelassen.[1]

[1] *Es gibt aber nach § 1889 BGB auch eine Entlassung auf eigenen Antrag, wenn ein wichtiger Grund vorliegt; siehe auch die Entlassungstatbestände in den §§ 1887–1888 BGB.*

E. Betreuung

§§ 1896, 1901, 1902 BGB[3]

Wird man entmündigt, wenn man krank?
Sei's geistig, körperlich Gebrechen,
Sei's Alter, die dich schwächen?
Hier hilft »Betreuung«, Gott sei Dank!
So will es das Gesetzversprechen;
»Entmündigung« ist abgeschafft,
»Betreuungsrecht« kam als Reform,[1]
Es gilt als die Errungenschaft,
Daß Fremdbestimmung nicht die Norm.[2]
Auf Antrag und von Amtes wegen,
Als eine Art von Vormundschaft,
Betreuer wird nur dort sich regen,
Wo dem Betreuten fehlt die Kraft.

[1] *Die §§ 1896–1908 i BGB wurden neu gefaßt durch das Betreuungsgesetz vom 12.9.1990 (BGBl. I S. 2002); vgl. dazu Schwabe, Das neue Betreuungsrecht, FamRZ 1990, 680: »... eine der wichtigsten Änderungen des BGB seit 1900.«*
[2] *Es gilt das Prinzip der Erforderlichkeit der Betreuung, vgl. § 1896 Abs. 2 BGB.*
[3] *Aus Raumgründen muß zur näheren Ausgestaltung von Betreuungsverhältnissen auf die §§ 1896–1908 i BGB verwiesen werden.*

F. Pflegschaft

Als Gegenstück zur Vormundschaft,[1] §§ 1909ff. BGB
Die »Pflegschaft« ist zu nennen,
Sie ist für Pflegling vorteilhaft,
Dies kann man nicht verkennen:
»Ergänzungspfleger« wird bestellt,
Wenn Vormund, Eltern sind verhindert,
So daß »Vertretung« in der Welt,
Und Rechte nicht vermindert.[2]
Im Fall der Abwesenheit –
Wenn Aufenthalt ist unbekannt –
Der Pfleger sorgt in dieser Zeit,
Daß Schaden werde abgewandt.
Das gleiche gilt für Fälle,
Wo Pfleglings Wohnort ist bekannt,
Doch er nicht bald zur Stelle.
Was ist, wenn Pflegling unbekannt?
Was gilt, wenn er noch nicht geboren?
Auch hier wird Pfleger dann ernannt,
Wenn sonst ein Recht ginge verloren;
Die »Fürsorge« hier Pate stand.
Und wann fällt Pflegschaft wieder weg?
Reicht schon der Wegfall von dem Zweck?
Die »Aufhebung« folgt durch Gericht,
Falls das Gesetz beendet nicht.

[1] *Die Pflegschaft bezieht sich grundsätzlich nur auf die Besorgung einzelner Angelegenheiten bzw. auf einen bestimmten Pflichtenkreis, während die Vormundschaft inhaltlich und von der Dauer her viel umfassender ist.*

[2] *Von besonderer Bedeutung ist die »Ergänzungspflegschaft« in Erbfällen, vgl. § 1909 Abs. 1 S. 2 BGB.*

Sie haben zwar ihren Prozeß verloren… aber Sie haben doch sicher mit Vergnügen mein Plädoyer genossen.

Fünftes Buch: Erbrecht

A. Rechtsstellung des Erben

1. Anfall der Erbschaft

Immer wenn die Menschen sterben, §§ 1923,
Bleibt zurück ihr Hab und Gut. 1942 BGB
Wer hat solches dann zu erben?
Schnell entsteht da ein Disput.
Doch Gesetz, doch Testament,
Immer einen Erben nennt;[1]
Dieser wird im Todesfall
Ganz von selbst zum Erben,
Oft gibt es auch großen Knall:
Weil Schulden nicht versterben!

[1] *Fehlt ein Testament und sind zur Zeit des Erbfalls weder ein Verwandter noch ein Ehegatte des Erblassers vorhanden, dann erbt der Fiskus: § 1936 BGB i.V.m. §§ 1964–1966 BGB.*

2. Ausschlagung der Erbschaft

Wenn die Erbschaft ist verschuldet, §§ 1942–
Hat man das Recht, sie auszuschlagen.[1] 1953 BGB
Weigerung nie Aufschub duldet,
Es ist nur Frist von Tagen:
Wenn Erbschaftskenntnis angekommen,
Und Erbschaft ward nicht angenommen,[2]
Dann hat man grad' sechs Wochen,[3]
Auf »Ausschlagung« zu pochen.
Schriftbeglaubigt beim Gericht,
Sagt der Erbe: Ich doch nicht!
Es wird dann gesetzfingiert,
Als habe nie er existiert;
Es erben nun die Kandidaten,
Die in der Erbenschlange warten.

[1] *Die Ausschlagungsmöglichkeit besteht generell, also nicht nur bei überschuldeter Erbschaft*
[2] *Die Annahme der Erbschaft hat nicht die Bedeutung, daß man erst*

dadurch Erbe würde, denn Erbe wird man »automatisch« (vgl. § 1942 BGB) – die Bedeutung liegt vielmehr darin, daß man mit einer Annahme endgültig Erbe geworden ist und grundsätzlich kein Recht mehr auf eine Ausschlagung hat.
[3] *Ausnahmsweise sechs Monate, vgl. § 1944 Abs. 3 BGB.*

3. Haftung für die Nachlaßschulden

a) Beginn

§§ 1958, 1960–1961 BGB

Bis das Ausschlagrecht verfallen,
Also in der Schwebezeit,
Ist von Nachlaßgläub'gers Krallen
Man als Erbe noch befreit.
Nur der Nachlaß selbst muß dulden,
Falls ein Pfleger ihn vertritt,
Daß sofort der Nachlaßschulden
Geltendmachung sich vollzieht.
»Nachlaßpflegschaft« zu begehren
Ist dem Gläub'ger freigestellt.
Richter muß sie dann gewähren;
Sonst nur, wenn sie nötig fällt.[1]

[1] *Etwa weil der gesetzliche Erbe vorerst unbekannt ist (vgl. den Fall OLG Stuttgart NJW 1975, 880).*

b) Aufschub

§ 2014 BGB

Wer die Erbschaft angenommen,
Kann ein weit'res Vierteljahr
Schuldenzahlungsfrist bekommen,
Schonfrist für das Inventar.

c) Beschränkung der Haftung des Erben

§§ 1975ff., 1980, 1993ff., 2013 BGB

Haftet man für Nachlaßschulden
Auf das Erbschaftsgut »beschränkt«,
Oder muß man Zugriff dulden,
Der ins eig'ne Gut gelenkt?
Wer Beschränkung will, begehre
Für die Erbschaft Amtsverwaltung.[1]
Wenn sie überschuldet wäre,
Was käm' dann wohl zur Entfaltung?
Der Konkurs ist einzuleiten,

Antragstellen ist die Pflicht,
Folgte Antrag nicht beizeiten,
Erbe meidet Haftung nicht.
Gleiches gilt für solche Fälle,
Wo Gericht hat Frist bestimmt,
Aufzulisten auf die Schnelle,
Was jener nicht ins Grab mitnimmt:[2]
Wenn Erbe hat es doch versäumt,
Inventar nicht aufnotiert,
Nachfrist wurd' nicht eingeräumt,
So ist die Haftung zementiert.

[1] *Gemeint ist die Nachlaßverwaltung nach den §§ 1975ff. BGB.*
[2] *Gemeint ist hier die Hinterlassenschaft des Erblassers.*

d) Haftung mehrerer Erben

Sind es mehrere Personen, §§ 2058–
Die gemeinsam erbbedacht, 2059, 2060,
Tut für alle gleich sich lohnen 2063 BGB
Was der einzelne gemacht.
Um den Nachteil zu vermeiden,
Der aus Unterlassung droht;
So, das Inventar bereiten
Auf des Richters Fristgebot.
Wie ist's aber mit der Frage,
Ob die Nachlaßschuldenlast
Jeden nur nach Erbteilslage
Oder samtverbindlich faßt?[1]
Ist der Nachlaß nicht geteilt,
Wird Gesamtschuld nicht enteilt;
Nach der Teilung ausnahmsweise,
Gibt es rechtlich andre Gleise:
Bruchteilshaftung ist normiert,
Wenn Konkurs eröffnet wird,
Ausschluß bei dem Aufgebot,
Viel zu spät kam Zahlgebot.

[1] *Gemeint ist hier eine Gesamtverbindlichkeit.*

B. Regelung der Erbfolge

I. Gesetzliche Erbfolge

§§ 1924ff. BGB

Wer beerbt mich, wenn ich sterbe?
Jener, der nach Testament
Oder Erbvertrag mein Erbe.
Wer sich keinen Erben nennt,
Den beerben die Verwandten
Kraft Gesetzes nach dem Stamm,
Erbe ist auch Ehegattin
Und entsprechend Ehemann.

1. Erbrecht der Verwandten

a) Abkömmlinge

§ 1924 BGB

In der ersten Klasse erben
Kinder, Enkel und so fort.
Erst, wenn Kinder vorversterben,
Kommt der Enkel Recht zu Wort.
Erbschaft geht nach Kindesstämmen,
Wenn die Kinder jedoch tot,
Können Enkel übernehmen
Nur der Kinder Erbschaftsquot'.

b) Eltern, Geschwister und dergleichen

§ 1925 BGB

Anwartschaft im zweiten Range
Steht des Toten Eltern zu,
Als alleinbefugt, solange
Keiner ist in Grabesruh'.
Wem der Tod schon Halt geboten,
Den ersetzen die Geschwister,
Neffen (und so fort) des Toten
Nach dem Kindesstammregister.[1]

[1] *Dies bedeutet, daß an die Stelle des vorverstorbenen Ehegatten die Abkömmlinge dieses Elternteils rücken.*

c) Großeltern, Onkel, Tanten und dergleichen

§ 1926 BGB

In der dritten Klasse erben
Elterseltern ganz allein,
Wenn sie alle noch am Leben.

Sonst ihr Nachwuchs hinterdrein.[1]
Wo der fehlt, da wird die Rate
Jenem Elterselternteil,
Der des Vorverblich'nen Gatte,
Nach dem Liniengrundsatz feil.[2]

[1] *Also des Erblassers Onkel, Tanten, Vettern, Basen sowie deren Kinder und Kindeskinder.*
[2] *Vgl. dazu das ausführliche Beispiel bei Erdel, S. 96.*

d) Urgroßeltern und dergleichen

Innerhalb der weit'ren Klassen — §§ 1928–1929 BGB
Geht es nur nach Gradesnähe.
Stets ist Erbanspruch belassen,
Einerlei, wie fern man stehe.

e) Ungeborene

Auch das Kind im Mutterschoße — § 1923 Abs. 2 BGB
Wird als erbbefugt gezählt,
Ob allein, als Erbgenosse –
Außer, es käm' tot zur Welt.

2. Erbrecht des Ehegatten

Ehegatten können erben, — §§ 1931–1932 BGB
Wenn die Gatten vorversterben,
Es ist Erbrecht dann gegeben,
Man kann Erbanspruch erheben,
Auf ein Viertel aller Masse
Neben Erben erster Klasse;
Diese Quote weiter steigt,
Wenn Verwandtschaft ist verzweigt:
Neben Erben zweiter Klasse
Erbt der Gatte halbe Masse.
Gatten werden ferner reich
Durch den Zugewinnausgleich:[1]
Erbschaft um ein Viertel steigt,
Auch der Hausrat Gatten bleibt,
Denn als »Voraus« aus der Masse
Kriegt der Gatte Hausratssachen,
Außer, wenn aus erster Klasse,
Konkurrenten geltend machen.

[1] *Beim Vorliegen des Regelfalls des gesetzlichen Güterstandes in Form der sog. Zugewinngemeinschaft nach den §§ 1363 ff. BGB.*

3. Erbrecht des Fiskus

§§ 1936, 1964–1965 BGB

Fehlt's dem Toten an Verwandten
Und er starb auch ehelos,
Fällt die Erbschaft, die vorhanden,
Seinem Staate in den Schoß.

II. Testament

1. Testierfähigkeit

§ 2229 BGB

Wann ist man »testierberechtigt«?
Sechzehn Jahre sind zu zählen,[1]
Ist man seines Geistes mächtig,
Folgt das Recht, den auszuwählen,
Der soll erben das Vermögen,
Testament braucht keinen Segen
Vom Vertreter nach Gesetz,
Vorschrift will kein solches Netz.
Höchstpersönliche Testate,
Gelten nicht von Psychopathen.[2]

[1] *Vgl. aber die Einschränkung in § 2233 Abs 1 BGB:*
»Ist der Erblasser minderjährig, so kann er das Testament nur durch mündliche Erklärung oder durch Übergabe einer offenen Schrift errichten.«
[2] *Bei Geisteskranken zuweilen vorkommende sog. »lichte Intervalle« (d.h. Augenblicke, da sie gesund sind) hat im Erbrecht derjenige zu beweisen, der sich auf sie beruft (vgl. BGH NJW 1988, 3011).*

2. Testierform

§§ 2231–2252, 2265ff. BGB

Wie geschieht der letzte Wille?
Es genügt, daß eig'ne Hand,
Sei es auch in aller Stille,
Ihn in Schriftstücksform gebannt;
Ort und Tag sind beizufügen
Mit der Namensunterschrift,
Jedes Irren oder Lügen

Im Datieren wäre Gift.
Neben dieser – der »privaten« –
Gibt es »öffentliche« Form,
Mit Notar als Urkundspaten,
Manchmal zwingend diese Norm:
Stumme oder Blinde gar
Finden Hilfe beim Notar.[1]
Für bestimmte Notstandsfälle,
Krankheit, Sperre, Hochseereise,
Wo Notare nicht zur Stelle,
Gilt spezielle Urkundsweise.[2]
In Gemeinschaftstestamenten
Können Gatten nur verfügen;
Der Privatschriftsform Verwenden
Wird in der Art schon genügen,
Daß der eine Teil betätigt,
Was gemeinsam statuiert,
Und der andere bestätigt,
Eigenhändig und datiert.

[1] *Siehe hinsichtlich des Testamentes von Leseunfähigen: § 2233 Abs. 2 BGB.*
[2] *Vgl. §§ 2249–2252 BGB (Nottestament vor dem Bürgermeister, Drei-Zeugen-Testament, Seetestament).*

3. Aufbewahrung und Widerruf

Öffentlichen Testamenten §§ 2248,
Gilt die Amtsverwahrungspflicht; 2253–2256,
Bei solchen, die privat entstehen, 2258 a–b,
Steht sie frei, man braucht sie nicht. 2272 BGB
Widerruf in solchen Fällen,
Nur wenn Antrag wird gestellt,
Verwahrtes wieder 'rauszugeben
Wenn es nicht mehr recht gefällt.
Der Widerruf wird dann fingiert,
Das Testament eliminiert.
War es allerdings privat,
Widerruft man durch die Tat
Man vernichtet und zerknüllt,
Was den Zweck nicht mehr erfüllt.
Auch können schon »Veränderungen«,[1]
Dem Ziele »Aufhebung« entsprungen,

Als Widerruf des Textes gelten,
Der Erblasser ist nicht zu schelten:
Die Freiheit für das Testament,
Gesetz als Erbrechtsgrundsatz nennt.[2]

[1] *Durch Zerknüllen, Durchstreichen, Durchreißen (BayObLGZ 80, 97).*
[2] *Man ist also grundsätzlich frei bei der Änderung von Testamenten, außer wenn es z.B. um gemeinschaftliche Testamente von Ehegatten geht, vgl. § 2271 Abs. 2 BGB.*

4. Verkündung

§ 2260 BGB Wenn Testators Tod vernommen,
Wird sein Wille publiziert.
Ladung zum Termin bekommen,
Alle, die davon berührt.
Eröffnet wird das Testament,
Zuständigkeit liegt bei Gericht,
Den Inhalt man den Erben nennt.[1]
Und Niederschrift ist Pflicht.

[1] *Die Eröffnung des Testamentes erfolgt auch gegenüber sonstigen Beteiligten, z.B. Vermächtnisnehmern.*

5. Ablieferungspflicht

§ 2259 BGB Wer Testament hat im Besitz,
Wenn Erblasser sodann verstirbt,
Sorge schneller als ein Blitz,
Daß das Gericht die Schrift erwirbt.
Wird Urkund' unterdrückt,
Das Strafrecht droht mit Pein,
Gesetzverstoß, so er »geglückt«,
Bringt immerhin fünf Jahre ein.[1]

[1] *Einschlägig ist § 274 Abs. 1 Nr. 1 StGB, der als Höchststrafe für Urkundenunterdrückung fünf Jahre vorsieht.*

6. Bedeutung des Testamentes

a) Im Allgemeinen

§§ 2229ff. BGB Was kann ein Testament enthalten?
Vieles läßt sich drin bezwecken:
Erben ein- und auszuschalten,[1]
Erbschaftsquoten abzustecken;[2]

Erbanteile zu gewähren,
Auflagen, die sehr beschweren.[3]
Vieles ist so regelbar,
Beratend hilft oft ein Notar.

[1] *Gemeint sind hier Erbeinsetzungen und Enterbungen.*
[2] *Man kann es bei den gesetzlichen Erben belassen, aber die Erbteile abweichend regeln.*
[3] *Beispielsweise die Auflage an einen im Ausland lebenden Erben, einmal jährlich das Grab des Erblassers zu besuchen.*

b) Einsetzung eines Nacherben

Erben müssen nicht erwerben, §§ 2096–
Sinnvoll ist oft »Nacherbschaft«; 2099, 2100,
Wenn Erblasser es so bestimmt, 2102, 2106
Erst »Vorerbe« den Nachlaß nimmt, BGB[1]
Bei Todesfall, auch Fristablauf,
Rückt Nacherbe dann einfach auf.
Daneben kann man auch bestimmen,
Falls Erbe tot am Erbfallstage,
Wer dann das Erbrecht soll erklimmen,
»Ersatzerbschaft« löst diese Frage.

[1] *Vgl. auch § 2101 BGB – der beim Erbfall noch nicht einmal Erzeugte kann gemäß § 1923 BGB nicht Erbe oder Ersatzerbe sein, so daß eine solche Erbeinsetzung unwirksam wäre; das Gesetz eröffnet hier zumindest die Möglichkeit der Einsetzung als Nacherbe.*

c) Wirkungen der Nacherbschaft

Die Nacherbschaft braucht Schutz, §§ 2113–
Gesetzesschranken hindern – 2114, 2136
Falls Vorerbe sucht Eigennutz – BGB
Übergroßes Nachlaßmindern;[1]
Verfügung über Grundstücksrechte,
Fehlt es an der Wirksamkeit,
Schenkung, die den Nachlaß schwächte,
Hat zur Folge Nichtigkeit. [2]
Diese Schranken man nicht kennt,
Wo Erblasser erließ Bescheid,
Geregelt in dem Testament,
Daß Vorerbschaft gilt als »befreit«.[3]

[1] *Vgl. §§ 2113–2114, 2116–2119, 2123, 2127–2131, 2133–2134 BGB.*
[2] *Die absolute Unwirksamkeit tritt beim Nacherbfall ein (BGHZ 33, 86; 52, 270).*
[3] *Ein sog. befreiter Vorerbe (vgl. dazu BGHZ 7, 276).*

d) Vermächtnisse

§§ 1939, 2147ff. BGB

Wenn man in dem Testament,
Weil sie so gut im Gedächtnis,
Etwa Haushaltskraft benennt,
Dann ist es oft »Vermächtnis«:[1]
Vermögensvorteil wird vermacht,
Als Schuldanspruch gewährt,
Nicht Erbenstellung zugedacht,
Der Erbe wird beschwert.

[1] *Als Vermächtnisnehmer kommt grundsätzlich jeder in Betracht – »traditionell« wurden aber insbesondere früher oft Haushaltskräfte für geleistete langjährige treue Dienste mit einem Vermächtnis bedacht.*

e) Auflagen

§§ 1940, 2194 BGB

Vom Vermächtnis streng zu trennen,
Denn ein Rechtsanspruch fehlt hier,
Ist die »Auflage« zu nennen,
Sie ist oftmals kein Pläsier;[1]
Ausnahmsweise gibt es Pflicht,
Und den Anspruch auf Vollzug.
Tut Beschwerter solches nicht,
Wäre dies oft wenig klug:
Hat Erfüllung er vergessen,
Können Erbgenossen klagen,
Und bei Allgemeininteressen
Auch Behörden dürfen's wagen.[2]

[1] *Grundsätzlich kann Gegenstand einer Auflage alles sein, wozu man sich schuldrechtlich verpflichten kann (Palandt, § 2192 BGB Rn. 2), also z. B. die Aufstellung einer Büste in einer vermachten Bibliothek oder die Auflage, das Lieblingstier des Erblassers häuslich aufzunehmen und bis zum tierischen Tod zu verpflegen.*
[2] *Ein Fall des öffentlichen Interesses wäre z. B. dann anzunehmen,*

wenn ein ökologisch orientierter Erblasser in einem Testament verfügt, daß die besonders alten Bäume auf seinem Grundstück bis zum natürlichen Abgang nicht beseitigt werden dürfen.

7. Vollzug

Häufig man im Testament, §§ 2197ff.,
Testamentsvollstrecker nennt, 2212 BGB
Dies ist ein privates Amt,
Rechtsstellung gilt insgesamt,
Ob für Nachlaß, für Verwaltung,
Ihm obliegt Prozeßgestaltung.

8. Unwirksamkeit

Formverstoß beim Testamente §§ 2078,
Macht es tot von Anfang an, 2080–2082
Und dieselbe Wirkung fände BGB
Des Testierers Geisteswahn.
Sonst vermag es anzufechten
Beim Gericht in Jahresfrist,
Wer gekränkt in seinen Rechten[1]
Und betont, daß arge List
Oder Drohen oder Irren
Den Testator tat verwirren.

[1] *Anfechtungsberechtigt ist auch der Pflichtteilsberechtigte, wenn er übergangen worden ist, vgl. §§ 2079 BGB.*

III. Erbvertrag

1. Positive Erbverträge

Wenn man sich besonders mag, §§ 1941,
Schließt man einen Erbvertrag: 2274ff.,
Meist sind es folglich Ehegatten, 2265ff.,
Die sich den Erbvertrag gestatten; 2270 BGB
Als Form für solch ein Exemplar,
Gilt Abschlußpflicht vor dem Notar![1]
Auch trennt ihn von dem Testament,
Daß strenge Regel Rücktritt kennt;
Ein Rücktritt geht bei Vorbehalt,
Falls schon bei Abschluß solcher galt.[2]

Es ist als Grund auch anerkannt,
Daß man Bedachten schuldig fand.
Ansonsten können die Parteien,
Sich mit der »Aufhebung« befreien;
Auch dies geht nur vor dem Notar,
Wenn beide leben – an sich klar!
Beim Ehegattentestament
Gesetz die gleiche Form benennt,
Doch Widerruf, er ist hier frei,
Gleich alles ist sodann vorbei,
Was andres wäre nicht vergnüglich,
Falls es im Wechsel war bezüglich.

[1] *Ausnahme ist der Rücktritt durch Testament nach § 2297 BGB.*
[2] *Weitere Rücktrittstatbestände sind in den §§ 2294–2295 BGB geregelt.*

2. Negative Erbverträge (Erbverzicht)

§§ 2346, 2348, 312 BGB

Will jemand eine Erbschaft nicht,
Obwohl gesetzlich vorgeschrieben,
Besteht ein Recht zum Erbverzicht,[1]
Mit Erblasser sei er betrieben;[2]
Erforderlich ist ein Vertrag
Mit Abschluß beim Notar:
»Kein Erbschaftsrecht am Todestag«,
Damit ist alles klar.

[1] *Oft wird ein Verzicht nur gegen eine Abfindung erfolgen.*
[2] *Siehe ferner § 312 Abs. 2 BGB, wonach Verträge zwischen künftigen gesetzlichen Erben nur schuldrechtliche Wirkung haben.*

IV. Pflichtteilsrecht

1. Begriff

Abkömmlingen, Eltern, Gatten,
Ganz das Erbrecht zu versagen,
Das sie auf den Nachlaß hätten,
Kann man nach Gesetz nicht wagen:
Wenn, was ihnen zugewiesen,
Nicht die Hälfte dessen schafft,
Was sie nach Gesetz genießen,
Tritt ihr Pflichtteilsrecht in Kraft,
Derart, daß sie nachbegehren,
Was zu jener Hälfte fehlt,
Ohne daß sie »Erben« wären,
Nur als Nachlaßschuld in Geld.

§§ 2303–2305 BGB

2. Ergänzung

Dieses Pflichtteilsrecht zu kränken,
Wär' ein leichtes, weil mein Geld
Schon zu Lebzeit zu verschenken,
Mir beliebig freigestellt.
Deshalb ist, wenn festzustellen,
Was der Wert des Pflichtteils sei,
So Verschenktes mitzuzählen,
Bis der Jahre zehn vorbei.

§ 2325 BGB

3. Verlust

Auch der Pflichtteil kann aus Gründen
Schwerer Art verloren geh'n,[1]
Und er wird von selbst entschwinden,
Wo ein Erbverzicht gescheh'n,
Anders nur in der Gestalt,
Wo ein Pflichtteilsvorbehalt.

§§ 2333ff., 2346 Abs. 2 BGB

[1] *Der Erblasser kann das Pflichtteil z. B. nach § 2333 Ziff. 3 BGB wegen schwerer Verbrechen des Abkömmlings gegen ihn selber oder seinen Ehegatten entziehen; siehe zum Fall der Erbunwürdigkeit nach § 2339 BGB meine Darstellung im Fall Struwwelpeter, Der Fall Struwwelpeter, Frankfurt a.M. 1989, S. 43.*

4. Erhöhung

§ 2079 BGB Ließe sich bei Pflichtteilsleuten,
Die Erblasser nicht genannt,
Dieses Schweigen derart deuten,
Daß sie ihm ganz unbekannt,
Bleibt es ihnen unbenommen,
Seinen Willen anzufechten,
Um so ganz ins Teil zu kommen,
Nicht bloß mit den Pflichtteilsrechten.[1]

[1] *Erdel nennt hier auf S. 105 den Fall, daß der Verstorbene bei Errichtung des kurz vor dem Tod gemachten Testaments, in dem er alles Vermögen seiner Frau verschrieb, nichts von ihrer Schwangerschaft wußte.*

C. Beweis der Erbfolge

§§ 2353, 2366–2367 BGB

Auf des Erben Reklamieren
Muß der Nachlaßrichter ihm
Durch den »Erbschein« attestieren,
Daß sein Handeln legitim.
Dritten, die darauf sich stützen
Bei Geschäften mit den Erben,
Wird ihr guter Glauben nützen,
Ging das Erbrecht auch in Scherben.[1]

[1] *Zu denken ist z.B. an den Fall einer erfolgreichen Anfechtung eines Testaments durch die gesetzlichen Erben.*

D. Abtretung des Erbes

1. Erbschaftskauf

§§ 2371ff. BGB

Nach dem Erbfall ist zu dulden,
Daß die Erbschaft übergeht,
Als ein Ganzes mit den Schulden,
Dem, der käuflich sie ersteht;
Es verbleibt Verkäuferpflicht,

Nicht die Schulden zu vergessen,
Seine Haftung endet nicht,
Sei er noch so drauf versessen.

2. Form

Erbschaftskauf, so ist die Norm, §§ 2371,
Braucht wie Erbverzicht die Form: 2348 BGB
Niemals solcher wirksam war,
Falls nicht Abschluß vor Notar.

Der große Chapotard liest in der juristischen Zeitschrift das Lob seiner Fähigkeiten, verfaßt von ihm selbst.

Anhang
Im Namen des Volkes

1. Die Mahnung in Versen

LG Frankfurt, Urt. v. 17.2.1982, AZ 2/22 0 495/81[1]

URTEIL IM NAMEN DES VOLKES

Tatbestand und Entscheidungsgründe

Maklerlohn begehrt der Kläger
mit der Begründung, daß nach reger
Tätigkeit er dem Beklagten
Räume nachgewiesen, die behagten.

Nach Abschluß eines Mietvertrages
habe er seine Rechnung eines Tages
dem Beklagten übersandt;
der habe darauf nichts eingewandt.

Bezahlt jedoch habe der Beklagte nicht.
Deshalb habe er an ihn ein Schreiben gericht'.
Darin heißt es unter anderem wörtlich
(und das ist für die Entscheidung erheblich):

»Das Mahnen, Herr, ist eine schwere Kunst!
Sie werden's oft am eigenen Leib verspüren.
Man will das Geld, doch will man auch die Gunst
des werten Kunden nicht verlieren.

Allein der Stand der Kasse zwingt uns doch,
ein kurz' Gesuch bei Ihnen einzureichen:
Sie möchten uns, wenn möglich heute noch,
die unten aufgeführte Schuld begleichen.«

Da der Beklagte nicht zur Sitzung erschien,
wurde auf Antrag des Klägers gegen ihn
dieses Versäumnisurteil erlassen.
Fraglich war nur, wie der Tenor zu fassen.

Der Zinsen wegen! Ist zum Eintritt des Verzug'
der Wortlaut obigen Schreibens deutlich genug?
Oder kommt eine Mahnung nicht in Betracht,
wenn ein Gläubiger den Anspruch in Versen geltend macht?

Die *Kammer* jedenfalls stört sich nicht dran
und meint, nicht auf die Form, den Inhalt kommt's an.
Eine Mahnung bedarf nach ständiger Rechtsprechung
weder bestimmter Androhung noch Fristsetzung.

---

[1] Auch abgedruckt in NJW 1982, 651.

Doch muß der Gläubiger dem Schuldner sagen,
das Ausbleiben der Leistung werde Folgen haben.
Das geschah hier! Trotz vordergründiger Heiterkeit
fehlt dem Schreiben nicht die nötige Ernstlichkeit.

Denn der Beklagte konnte dem Schreiben entnehmen,
er müsse sich endlich zur Zahlung bequemen,
der Kläger sei – nach so langer Zeit –
zu weiterem Warten nicht mehr bereit.

Folglich kann der Kläger Zinsen verlangen,
die mit dem Zugang des Briefs zu laufen anfangen.
Der Zinsausspruch im Tenor ist also richtig.
Dies darzulegen erschien der *Kammer* wichtig.

Wegen der Entscheidung über die Zinsen
wird auf §§ 284, 286, 288 BGB verwiesen.
Vollstreckbarkeit, Kosten beruhen auf ZPO –
Paragraphen 91, 708 Nummer Zwo.

2. Der Oldenburger Schweinemastprozeß[1]

AG Oldenburg, Urteil vom 16.3.1987, AZ 3 C 443/86

URTEIL IM NAMEN DES VOLKES

Tatbestand

»Die Klägerin liebt Schweinebraten –
besonders, wenn er billig ist –,
drum hat der Onkel ihr geraten:
›Kauf dieses süße Ferkelchen
von mir für hundert Märkelchen –
wenn das nicht superbillig ist! –
ich mäste es im Koben hier
und du ersetzt das Schrotgeld mir!‹
Der Freund, befragt, hälts auch für billig
und einen guten Tip fürwahr,
und ohne Murren zahlt er willig
zweihundert Mark gleich schon in bar.

Das Ferkelchen bleibt lange klein,
will garnicht gerne schlachtreif sein,
statt nur vier Monat, wie gedacht,
benötigt es beinahe acht.
Ums Schrotgeld nun für diesen Braten
ist man sich in die Haar' geraten.
Fürs Angebot, das sie gemacht,
hat sie der Onkel ausgelacht:
›Noch zwanzig Mark, das reicht nicht aus,

[1] AG Oldenburg, SchlHA 1987, 115; siehe auch die Besprechung von Beaumont NJW 1989, 372ff. und die gereimte Besprechung von Sympher, SchlHA 1987, 131.

dann bleibt das Schwein bei mir im Haus.
Ich werd es für mich selber schlachten
und in die Tiefkühltruh verfrachten!‹
So spricht der Onkel, der besagte,
im Rechtsstreit nunmehr der Beklagte.
Gesagt getan, das fette Schwein,
paßt grad noch in die Truhe rein!

Die Klägerin nun voller Groll,
beantragt: Der Beklagte soll
ihr gutes Geld ihr wieder geben,
nachdem das Schwein nicht mehr am Leben!
Doch der Beklagte wendet ein:
›Die Klag wird abzuweisen sein.
Den Preis hat mir der Freund entrichtet
und ihm allein bin ich verpflichtet,
und außerdem rechne ich auf
mit meinem Schaden aus dem Kauf!
Viel Arbeit und der Schlachterlohn,
das kost zweihundert Märker schon.‹
Von all den Zeugen, die gekommen
hat das Gericht nur drei vernommen.
Sie wußten alle gut Bescheid
und dienten der Gerechtigkeit.«

Entscheidungsgründe

Lang dacht' ich nach und angespannt
Und hab' alsdann für Recht erkannt:
Zur Hälfte ist wohl grade eben
dem Klagantrag hier stattzugeben.
Die Klägerin war mit dabei
bei Schweinekauf und -mästerei,
die Geldhingabe nur allein
kann doch wohl nicht entscheidend sein.
Es muß ihr unbenommen bleiben,
das Geld nun wieder einzutreiben (BGB 428).

Sie hat ja auch ein Recht darauf,
weil er erfolglos blieb, der Kauf (BGB 812).
Doch dem Beklagten umgekehrt,
ist es mit Recht dann nicht verwehrt,
zu rechnen auf mit dem Verluste,
den er dabei hinnehmen mußte:
denn Fleischbeschau und Schlachterkosten
das sind ja wohl die beiden Posten,
Die eigentlich und immerhin
bezahlen müßt' die Klägerin.
Hätt' die Vertragspflicht sie gewahrt,
dann hätte er das Geld gespart.

Weil keine hat gewonn' von beiden
drum haben – das ist einzusehen –

sie beide auch gleich stark zu leiden
und für die Kosten einzustehn.
An das Gericht zahlt jeder zwar
die Hälfte nur von den Gebühren,
doch seinem Anwalt – das ist zu spüren –
zahlt jeder das volle Honorar (ZPO 92).
So wurde aus dem Ferkelchen
für ach nur hundert Märkelchen –
so billig sollt es sein –
ein furchtbar teures Schwein!

Und die Moral von der Geschicht:
Um Kleinigkeiten streit' man nicht,
zieh' jedenfalls nicht vors Gericht!
Das gilt nicht nur in diesem Fall,
das gilt beinahe überall.
Sonst kann Gerechtigkeit auf Erden
ganz unerfreulich teuer werden!

Literaturverzeichnis

Baumbach / Lauterbach u. a.: Kommentar zur ZPO, 50. Aufl., München 1992
Beaumont, Werner: Gesetz und Recht – in Vers und Reim, NJW 1989, 372
ders.: Vom Amtsschimmel zum Pegasus – die Sprache des Rechts in Vers und Reim, NJW 1990, 1969
Bleich, Susanne: Die literarische und die juristische Hermeneutik – Ein Vergleich, NJW 1989, 3197ff.
Cato: Dionysius Cato, Epigramme I, 107, 8
Ebel / Müller: Bürgerliches Recht AT, 2. Auflage, Witten 1991
Erdel, Anton: Grundriß des Bürgerlichen Gesetzbuches in Versen und Reimen, Ladenburg 1925
Freudjung, Siegfried: Der Richter und sein Über-Ich – eine Psychopathologie akademischen Imponiergehabes, Bad Salzuflen 1912
Günther, Jörg-Michael: Der Fall Max und Moritz, Frankfurt 1988
ders.: Der Fall Struwwelpeter, Frankfurt 1989
ders.: Der Fall Rotkäppchen, Frankfurt 1990
ders.: Baumschutzrecht, München 1994
ders.: Rechtsprobleme des kommunalen Baumschutzes, jur. Diss. Köln 1993
Günther, J. M. / Günther D.: Amtshaftungsansprüche auf Kostenerstattung im abgabenrechtlichen Vorverfahren, KStZ 1991, 207
Günther / Kern: Die zivilrechtliche Haftung im Tennissport, VersR 1993, S. 796ff.
Günther / Traumann: Rechtsprobleme der Wohnraumbeschlagnahme zur Unterbringung Obdachloser, NVwZ 1993, 131ff.
Heinbuch: Kunsthandel und Kundenschutz, NJW 1984, 16
Ihering: Scherz und Ernst in der Jurisprudenz, 12. Aufl. 1921
Jauernig u. a.: Kommentar zum BGB, 6. Aufl., München 1991
Lenz: Das Ungewöhnliche im Recht, München 1993
Lobe: Neue Deutsche Rechtssprichwörter, Vorschriften des BGB in Versform, o.D.
Mangold, Hartmut: Gerechtigkeit durch Poesie, Leverkusen 1989
Mühe, Gregor: Das Gesetz zur Verbesserung der Rechtsstellung des Tieres im bürgerlichen Recht, NJW 1990, 2237
Müller-Dietz, Heinz: Alles was Recht ist, Heidelberg 1983
Müssig, Peter: Rechtsgutverletzungen und ihre Folgen im Recht der unerlaubten Handlungen – Max und Moritz im Spiegel des Deliktsrechts, DVW 1987, 25ff. und DVW 1988, 25ff.
Palandt: BGB, 52. Aufl., München 1993
Putzo, Hans: Anmerkungen zu satirisch abgefaßten oder mit Sarkasmus überfrachteten Urteilen, NJW 1987, 1426
Sandrock: Die Zähmung des widerspenstigen § 1365 Abs. 1 BGB, in: Festschrift für Bosch, S. 841ff.
Schiller: Wallensteins Tod
Schmidt: Sind Hunde Plastiktüten, JZ 1989, 790
Schlund: Das Zahlenlotto, 1972
Schwabe: Das neue Betreuungsrecht, FamRZ 1990, 680
Steindorf: Die guten Sitten als Freiheitsbeschränkung – Summum ius, summa iniuria, 1963
Sympher: Anm. zum Oldenburger Schweinemastprozeß, AG Oldenburg, Urt. vom 16.3.1987, SchlHA 1987, 115–116, in: SchlHA 1987, 131

Steinmeister: Der geplante § 611 a BGB: Ein frauenrechtlicher Rückschritt, ZRP 1993, S. 127
Steputat, Willy: Reimlexikon, 1967, Stuttgart (Neubearbeitung der 1. Aufl. von 1900)
Takeichi: Neue Deutsche Rechtssprichwörter, Übersetzung des gleichnamigen Werkes von Lobe ins Japanische, 1970, Tokio
Tange, Ernst G.: Vom Vergnügen, Recht zu haben – Zitatenschatz für Juristen, Frankfurt a. M. 1992
Teubner, Ernst: Satirisches Rechtswörterbuch, 2. Aufl., Köln 1992
Übersohn: Schrecken und Komik der juristischen Tierverehrung, KritJ 1986, 1ff.

Abkürzungsverzeichnis

a.A.	anderer Ansicht
a.a.O.	am angegebenen Ort
a.E.	am Ende
AFG	Arbeitsförderungsgesetz
AG	Amtsgericht
Anm.	Anmerkung
Art	Artikel
ArbG	Arbeitsgericht
AT	Allgemeiner Teil
Aufl.	Auflage
AZ	Aktenzeichen
b.	bei
BAG	Bundesarbeitsgericht
BayObLG	Bayerisches Oberstes Landesgericht
BB	Zeitschrift: Der Betriebsberater
BGB	Bürgerliches Gesetzbuch
BGBl.	Bundesgesetzblatt
BGHZ	Bundesgerichtshof in Zivilsachen
BNatSchG	Bundesnaturschutzgesetz
BSHG	Bundessozialhilfegesetz
BT-Drs	Bundestagsdrucksache
BVerfG	Bundesverfassungsgericht
bzw.	beziehungsweise
ders.	derselbe
d.h.	das heißt
Diss.	Dissertation
DVW	Zeitschrift: Der Deutsche Verwaltungswirt
Ent.	Entscheidung
EheG	Ehegesetz
e.V.	eingetragener Verein
FamRZ	Zeitschrift für das gesamte Familienrecht
ff.	fortfolgende
Festschr.	Festschrift
Fn.	Fußnote
FVE	Heinz Klatt, Fremdenverkehrsrechtliche Entscheidungen, Zivilrecht
GBO	Grundbuchordnung
GG	Grundgesetz
ggf.	gegebenenfalls
HGB	Handelsgesetzbuch
Hrsg.	Herausgeber
i.ü.	im übrigen
i.V.m.	in Verbindung mit
jur.	juristisch
JuS	Zeitschrift: Juristische Schulung
JZ	Zeitschrift: Juristenzeitung
KritJ	Zeitschrift: Kritische Justiz

KStZ	Kommunale Steuerzeitung
LG	Landgericht
LM	Lindenmaier/Möhring, Nachschlagewerk des Bundesgerichtshofes
MDR	Monatszeitschrift für Deutsches Recht
m.w.N.	mit weiteren Nachweisen
NJW	Zeitschrift: Neue Juristische Wochenschrift
NJW-RR	Zeitschrift: NJW-Rechtsprechungsreport
Nr.	Nummer
NVwZ	Neue Zeitschrift für Verwaltungsrecht
OLG	Oberlandesgericht
o.D.	ohne Datum
RG	Reichsgericht
RGBl.	Reichsgesetzblatt
Rn.	Randnummer
RPflG	Rechtspflegergesetz
S.	Seite
s.	siehe
s.a.	siehe auch
SchlHA	Zeitschrift: Schleswig Holsteiner Anzeiger
s.d.	siehe dort
StGB	Strafgesetzbuch
StPO	Strafprozeßordnung
u.a.	unter anderem
VerbrKrG	Verbraucherkreditgesetz
VersR	Zeitschrift für das Versicherungswesen
vgl.	vergleiche
WG	Wechselgesetz
WPM	Zeitschrift: Wertpapiermitteilungen
z. B.	zum Beispiel
ZPO	Zivilprozeßordnung
ZRP	Zeitschrift für Rechtspolitik
ZVG	Zwangsversteigerungsgesetz

Die Gerechtigkeit wird doch siegen!

Zum Ausklang: Rechtsphilosophisches

Wer eine Erbschaft übernommen,
Hat für die Schulden aufzukommen,
Denn nicht umsonst ist der Genuß.
Kein Leugnen gilt, kein Widerstreben,
Wir müssen alle sterben, weil wir leben.
So lautet der Gerichtsbeschluß.

Wilhelm Busch

Der Autor

Jörg-Michael Günther, geboren 1960 in Castrop-Rauxel, studierte Rechtswissenschaften in Köln und promovierte nach dem zweiten juristischen Staatsexamen und Eintritt in den öffentlichen Dienst 1993 zu einem umweltrechtlichen Thema (Baumschutz). Von ihm stammt der neue juristische Lehrsatz: In dubio pro arbore!
Neben seiner Haupttätigkeit ist er Lehrbeauftragter im Fach BGB an der Fachhochschule für öffentliche Verwaltung NW und Mitglied einer Prüfungskommission.
Von demselben Autor erschienen in der Reihe juristischer Literaturbetrachtung bei Eichborn: »Der Fall Max und Moritz«, »Der Fall Struwwelpeter« und »Der Fall Rotkäppchen«.